最新版

事例でわかる相続税の生前対策

突然やってくる相続のための万全準備

〔監修〕税理士法人チェスター
〔編集協力〕円満相続を応援する士業の会
〔著〕エッサム

あさ出版

はじめに

相続が発生してからでは、できることが限られる

今日、相続が発生すると、9人に1人の割合で申告書が提出され、11人に1人の割合で相続税が課税されています。高齢化が進むことによって、この割合はさらに大きくなるでしょう。

一方、相続税・贈与税に関して、最近では相続時精算課税制度について暦年課税の贈与と同様に110万円の基礎控除が新設されるほか、相続開始前贈与の相続財産への加算期間を7年に延長するなどの改正がおこなわれています。

「相続税はもうお金持ちだけにかかる税金ではなく、一般的なものとなった」といえます。

私たち専門家のところに「じつは相続税がかかりそうなのですが、何とかならないでしょうか？」とご遺族の方たちがご相談にいらっしゃるのは、たいてい、お葬式や四十九日の法要が終わってからです。場合によっては、申告期限までわずか半年しかないということも往々にしてあります。

短い期間に財産の洗い出しをし、遺産分割の協議、節税までとなると、私たち専門家でもたいへんな労力を必要とします。

結果的に、ほとんど節税ができず、「こうしておけばよかった」「あれもできた」などと、後悔するご遺族も少なくありません。相続が発生してしまってからでは、何とか節税しようと考えても、とれる策は限られるのです。

事例と解説で相続税節税の理解を深める

そこで本書は、将来の相続を見すえながら、生きているうちにできる、さまざまな相続税対策を紹介します。

PART1とPART2のそれぞれ前半では、私たちが相談を受けたなかから、相続で発生する悩みやトラブルを事例形式で紹介し、その悩みやトラブルの予防策・事後策を理解できるつくりにしています。

それらの事例に加え、各パートの後半は解説編として、よりくわしく贈与や相続に関する税制、特例などを解説し、節税が可能な理由などを深く理解できるようにしています。

また、PART3では、相続後に起こりがちな遺産分割でのトラブルと対処法についてまとめています。

「自身の財産を、なるべく多く、次世代に遺したい」

多くのみなさんが、そう考え、私たちのところへ相談にいらっしゃいます。

そういった願い、思いに応えるべく、本書を読まれた方が、節税対策として「今おこなうべきこと」について、具体的なアプローチをまとめました。

できることから始めていただければ、それだけ相続をスムーズに、そして節税効果が高いかたちで乗り越えていけるでしょう。

本書がみなさんのお役に立ち、円満な相続を迎えられることを心よりのぞんでいます。

２０２３年８月吉日　円満相続を応援する士業の会

※本書は２０１７年２月刊『相続は突然やってくる！　事例でわかる相続税の生前対策』に新たな法改正を盛り込んだ改訂新版です。

※本書の内容は２０２３年８月時点の情報をもとに作成しておりますため、今後変更になる場合がございます。あらかじめご了承ください。

注意点など	主な解説ページ
保険金の合計額を非課税枠におさめる	97ページ
2024年1月から暦年課税の生前贈与加算期間の延長が始まる	66ページ
その他「相続財産に加算されない財産」の購入も検討する	92ページ
生前贈与加算の対象ではない人に財産を贈与する	94ページ
被保険者、保険料負担者、受取人のアレンジで課税関係が変わる	97ページ
低解約返戻金型で被保険者を相続人にする	101ページ
相続人が口座を開設、贈与税の基礎控除額内で投資を援助する	103ページ
相続時精算課税制度の活用を検討する	86ページ
建物を建て、賃貸に回すことで、大幅に土地の評価額が下がる	137ページ
現金を不動産に換えると、相続財産としての評価額が下がる	128ページ
売却して得たお金で、相続人分のワンルーム投資を始める	112ページ
何の設備もない青空駐車場では、貸付事業用宅地等の特例は使えない	151ページ
借家権割合や賃貸割合で、評価額は3割減額される	143ページ
特定居住用宅地として、評価額の8割減も可能である	145ページ
自宅のない相続人が田舎の実家を相続するときにも有効である	146ページ
土地を複数に分割して節税も可能である	155ページ
2023年末で特例は終了の予定である	71ページ
2026年3月末で特例は終了の予定である	74ページ
2025年3月末で特例は終了の予定である	77ページ
結婚して20年以上の夫婦が対象である	79ページ
2024年1月から110万円の基礎控除が使える	86ページ
農地等に関わる相続税の納税猶予の特例を適用する	158ページ
法定相続人が増えることによって、相続税の基礎控除額が増える	191ページ
贈与税額控除、配偶者の相続税額の軽減などを利用する	196ページ

相続税の節税対策チャート

対策の分類	対応
相続財産そのものを減らす	生命保険金の非課税枠を利用する
	暦年贈与で相続財産を減らす
	墓地・仏具を生前に購入する
	孫、子どもの配偶者など、相続人以外に暦年贈与する
	孫を保険契約者にして、保険料を贈与する
	孫や子どもに低解約返戻金型の生命保険をかける
	NISAを活用して、子どもの投資を援助する
	収益不動産を贈与する
相続財産の評価額を下げる	更地に賃貸マンションを建築する
	不動産などを購入する
	不要な不動産を売却する
	コインパーキングなどを設ける
	建物の利用法を検討する
	小規模宅地等の特例を利用する
	家なき子特例を利用する
	土地の利用法を検討し、画地調整を利用する
その他、税制上の特例制度などを活用する	住宅取得等資金の一括贈与の特例を活用する
	教育資金の一括贈与の特例を活用する
	結婚・子育て資金の非課税枠を活用する
	夫婦間で居住用の不動産を贈与する
	相続時精算課税制度を利用する
	農業を営んでいる場合は農業を継承する
	養子縁組で法定相続人を増やす
	各種の税額控除を利用する

CONTENTS

はじめに 3
相続税の節税対策チャート 7

PROLOGUE

相続税がかかるのはこんな人

私の財産に相続税はかかるの? 18
誰が相続できるの? 20
どんな財産に課税されるの? 22
相続税はいくらになりそう? 24
どうすれば相続税を抑えられるの? 26

PART 1 金融資産が多めの人の生前贈与と節税対策

事例1 できるだけ多くの財産を子どもに遺すには、どうすればいい？……30
解決 時間的な余裕のある人は、110万円以内の額を毎年コツコツ渡す……32
事例2 子どもは1人、孫も1人。毎年の贈与では効果が出ない……34
解決 住宅取得等資金と教育資金の一括贈与の特例を使って贈与する……36
事例3 子ども一家は住宅取得も子育ても終了。一括贈与で節税はできないの？……38
解決 結婚・出産・子育て資金として孫へ贈与する……40
事例4 自分亡きあと、妻の老後に備えたい……42
解決 終のすみかを購入し、非課税枠内で妻に贈る……44
事例5 家賃収入があって、贈与しても財産が減らない……46
解決 収益不動産を子どもに贈与し、収益を生む資産を切り離す……48

事例6 大病を患い、生前贈与の持ち戻しを避けたい …… 50
解決 お墓を購入し、手持ちの現金を減らす …… 52
事例7 子どもたちに贈与を辞退され、生前贈与ができない …… 54
解決 「一時払い終身保険」に入り、課税されない額を増やす …… 56
事例8 暦年贈与をしたいが、ムダづかいさせたくない …… 58
解決 孫を保険契約者にしたうえで、保険料を暦年贈与する …… 60
解説1-1 暦年贈与で財産を渡せる人と非課税枠を理解する …… 62
解説1-2 暦年贈与では「名義預金」と「連年贈与」に注意する …… 66
解説1-3 住宅取得等資金の贈与は子どもや孫を援助しながら節税できる …… 71
解説1-4 教育資金は1500万円まで一括で贈与できる …… 74
解説1-5 最大1000万円贈与できる結婚・子育て資金の贈与 …… 77
解説1-6 最大2110万円を無税で渡せるおしどり贈与 …… 79

解説1-7 配偶者居住権の活用が節税につながるケースもある……81
解説1-8 使い方によっては大きなメリットを生む相続時精算課税制度……86
解説1-9 相続税がかからないように現預金を減らしておく……92
解説1-10 相続人以外への贈与で効果的な節税を……94
解説1-11 生命保険の非課税枠を利用する……97
解説1-12 低解約返戻金型の生命保険を活用して節税する……101
解説1-13 子どもに贈与したお金をNISAで有効活用してもらう……103

CONTENTS

PART 2 不動産が多い人は土地の評価と活用で大きく節税

事例1 相続にあたり、土地を売るべきか迷う …… 106
解決 賃貸マンションを建てて土地の評価を下げる …… 108

事例2 土地の売却で増えた現預金を何とかしたい …… 110
解決 ワンルームマンションを子どもの人数分購入する …… 112

事例3 家族経営の事業だが、相続すると成り立ちそうにない …… 114
解決1 特定事業用宅地等の特例を使えば事業承継も安心 …… 116
解決2 事業承継税制を利用すれば、納税猶予・免除の適用が受けられる …… 118

事例4 放置していた小さな土地の評価額が高くなっていて心配 …… 120
解決 小さい土地はコインパーキングにして評価額を下げる …… 122

事例5 将来子どもに家業の農業を継がせるべきかどうか迷う……124
解決 農業を継承すれば納税が猶予される……126
解説2-1 生きているうちに現金を不動産に換えておく利点とは……128
解説2-2 土地の評価額は評価方法で変わる……130
解説2-3 土地は形状によっても評価額が変わる……133
解説2-4 土地の利用方法でも評価額が変わる……137
解説2-5 建物の評価方法……143
解説2-6 小規模宅地等の特例① 自宅として土地を利用している場合（特定居住用宅地等）……145
解説2-7 小規模宅地等の特例② 事業で土地を利用している場合（特定事業用宅地等／貸付事業用宅地等）……151
解説2-8 土地を分けて節税することもできる……155
解説2-9 農業を継続する場合は「農地の納税猶予」の特例を活用する……158

PART 3 じつはココがむずかしい？ 相続が始まったときの相続財産の分割

トラブル事例1 分ける資産が少なく、等分にできない……162
こうすれば解決 生前の遺産分割の話し合いでトラブル回避……163
トラブル事例2 土地が先代名義のままで売却できない……164
こうすれば解決 前回の相続人と話し合い、権利を確定しよう……165
トラブル事例3 節税目的で孫を養子にし、家族の反感を買う……166
こうすれば解決 養子縁組の前に、相続人全員に了解を取っておこう……167
トラブル事例4 母の二次相続で多額の相続税が発生……168
こうすればよかった 二次相続を考慮しながら、最初の相続を進める……169
トラブル事例5 土地の相続をめぐり、相続人の間で紛糾した……170
こうすればよかった 遺言書では「渡す財産」と「相手」を指定しておく……171

トラブル事例 6 遺言書の内容に不信感が募る……172
こうすればよかった 公証役場で遺言を保証してもらおう……173
トラブル事例 7 遺言書の内容が著しく偏っている……174
こうすれば解決 兄弟に遺留分の侵害額請求をする……175
トラブル事例 8 申告期限がせまるなか分割協議がまとまらない……176
こうすれば解決 調停なら客観的な目で相続を見直せる……177
解説 3-1 生前に遺産分割の話し合いをするメリット……178
解説 3-2 遺産分割の代表的な3つの方法と利用法……180
解説 3-3 故人の財産をもれなく洗い出す方法……184
解説 3-4 遺産に債務が含まれる場合の対応……188
解説 3-5 相続における養子縁組のメリット・デメリット……191
解説 3-6 二次相続まで視野に入れた遺産分割の方法……193
解説 3-7 相続税の税額控除をチェックする……196

解説 3-8 自分の意思を遺言書に書き留める …… 201

解説 3-9 相続争いをさせない遺言書の書き方 …… 204

解説 3-10 認知症対策として成年後見制度や信託の活用も検討 …… 210

解説 3-11 遺言よりも優先される「遺留分」とは? …… 213

解説 3-12 家庭裁判所で決着点を探す「調停」と「審判」 …… 220

付録 相続税額の早見表と贈与税の速算表 223

円満相続を応援する士業の会 227

PROLOGUE

相続税がかかるのは こんな人

私の財産に相続税はかかるの？

相続税は基本的に、相続した財産で換金できるものすべてが課税対象となります。しかし、「親から相続を受けたときには、課税されなかったけど？」と思った人も多いでしょう。そのわけは、相続財産のうち一定の金額については、税を課さない決まりになっているからです。これを相続税の**基礎控除**《きそこうじょ》といいます。

基礎控除額は相続税の改正のつど見直しがおこなわれ、２０１５年の大改正で、以前は課税されなかった額の財産にも相続税が課されるようになりました。格差が固定されることを防ぎ、老後の扶養を社会的に支える観点から、課税対象者が増えました。くわしくは後述しますが、２０２４年１月からは、増税要素として「暦年課税の生前贈与《せいぜんぞうよ》加算期間」が延長され、減税要素として相続時精算課税制度に基礎控除が新設されます（⬇解説1-8など）。

相続税対策で大切なのは、税のしくみを理解し、将来あなたの財産に相続税がかかるかどうかを判断すること。そして、かかる場合は、納税に必要な資金などの情報を将来の相続人と共有したり、納税額を減らす対策を講じたりするなど、自身が生きている間に手を打っておくことです。

＼ 相続税の基礎控除とその計算方法 ／

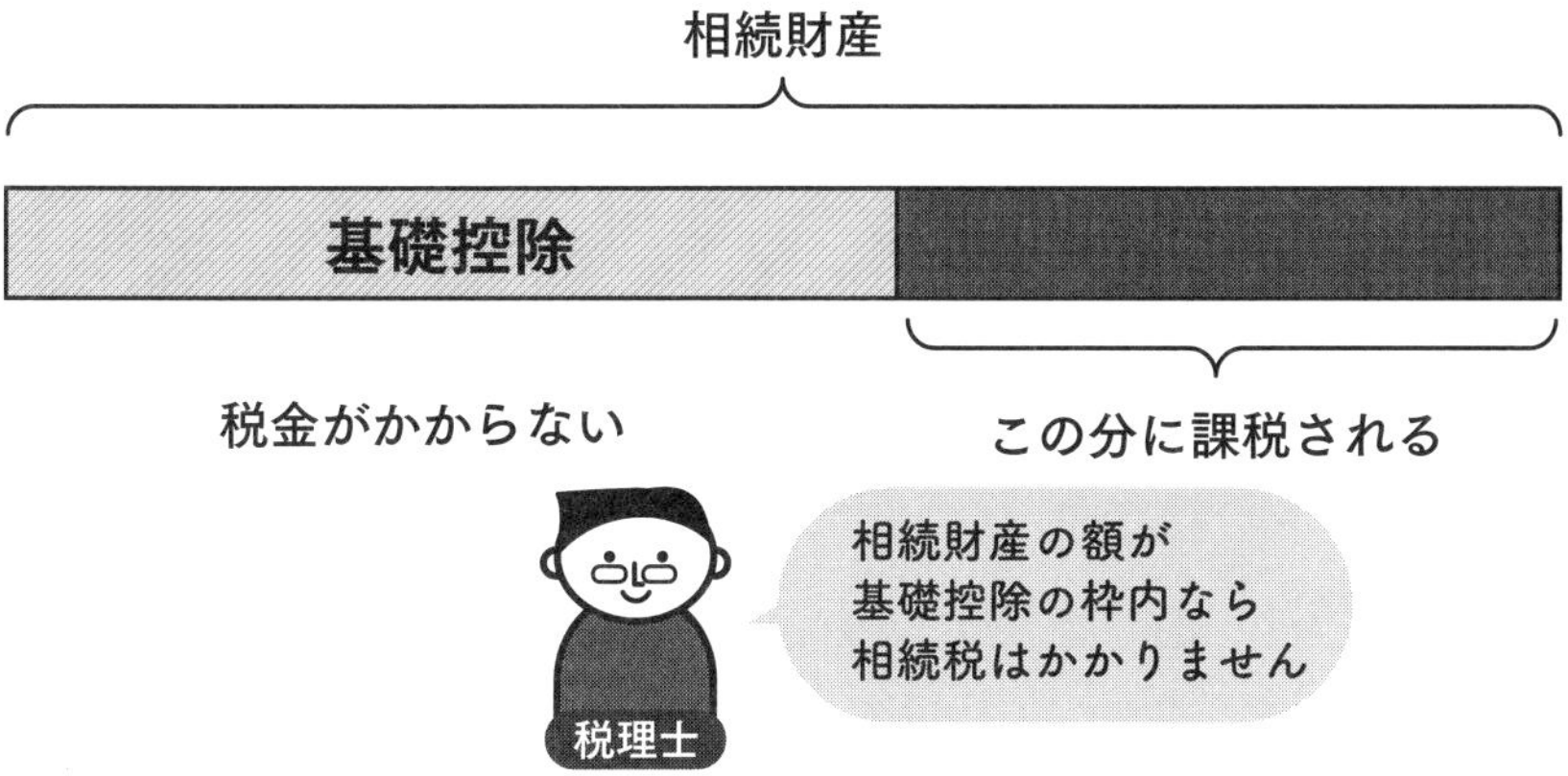
相続財産
基礎控除
税金がかからない
この分に課税される
相続財産の額が
基礎控除の枠内なら
相続税はかかりません
税理士

基礎控除の計算法　3000万円＋(600万円×法定相続人の数)

法定相続人の数		考え方	基礎控除額
1人	配偶者のみ、血縁の相続人なし 配偶者なし、血縁の相続人１人	3000万円　600万円	3600万円
2人	配偶者＋血縁の相続人１人 配偶者なし、血縁の相続人２人	3000万円　600万円　600万円	4200万円
3人	配偶者＋血縁の相続人２人 配偶者なし、血縁の相続人３人	3000万円　600万円　600万円　600万円	4800万円
4人	配偶者＋血縁の相続人３人 配偶者なし、血縁の相続人４人	3000万円　600万円　600万円　600万円　600万円	5400万円
5人	配偶者＋血縁の相続人４人 配偶者なし、血縁の相続人５人	3000万円　600万円　600万円　600万円　600万円　600万円	6000万円

誰が相続できるの？

前ページの図にあるように、相続税の基礎控除の額は**法定相続人の数**で決まります。そのため、まず、あなたの法定相続人の数を把握しましょう。

法定相続人は、「民法で定められた相続権を持つ人」という意味です。相続は法定相続人でおこなうのが一般的ですが、遺言書に「法定相続人以外の人に一定の財産を相続させる」といった指定もできます。つまり、相続は法定相続人に限られるわけではないということです。

まず、**配偶者は必ず相続人**となります。ただし、法的に結婚していることが条件で、内縁関係では法定相続人になりません。

配偶者以外は、血縁関係に応じて相続人になる順位が決まります。第一順位（**直系卑属**《ちょっけいひぞく》＝子ども、あるいはその子孫）の人がいない場合は第二順位（**直系尊属**《ちょっけいそんぞく》＝親や祖父母）の人が、第一順位も第二順位もいない場合には第三順位（**傍系血族**《ぼうけいけつぞく》＝兄弟姉妹やその子ども）の人が法定相続人になります。第三順位より遠い縁者しかいない場合は、法定相続人をゼロ人として計算します。

なお、**本来相続する人が死亡していた場合、その子どもなどが代わって相続することを、代襲相続**《だいしゅうそうぞく》といいます。

＼ 法定相続人と代襲相続人 ／

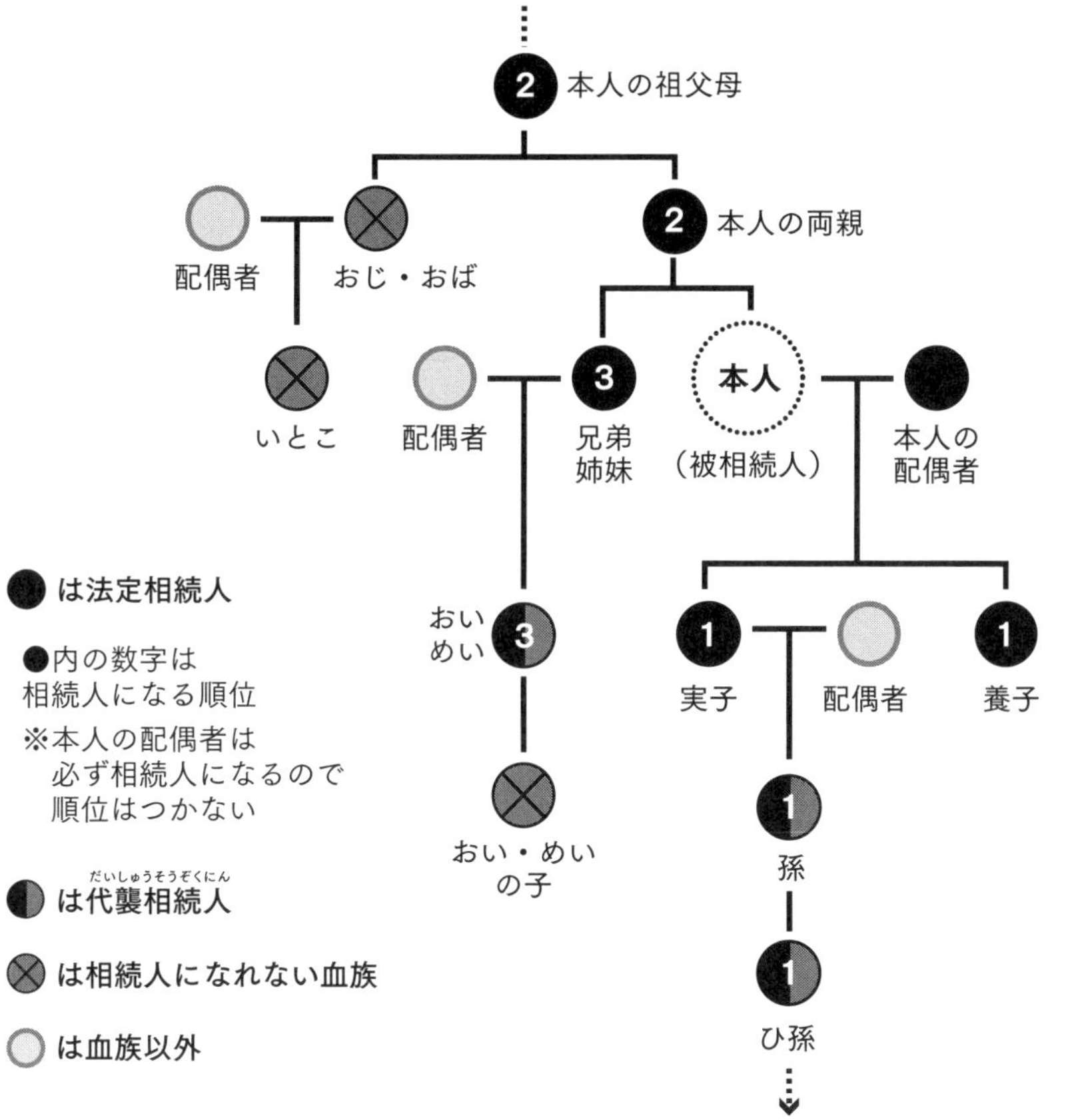
2 本人の祖父母
配偶者
おじ・おば
2 本人の両親
いとこ
配偶者
3 兄弟姉妹
本人（被相続人）
本人の配偶者
おいめい 3
1 実子
配偶者
1 養子
おい・めいの子
1 孫
1 ひ孫
●は法定相続人
●内の数字は相続人になる順位
※本人の配偶者は必ず相続人になるので順位はつかない
◐は代襲相続人《だいしゅうそうぞくにん》
⊗は相続人になれない血族
○は血族以外

どんな財産に課税されるの？

相続税がかかる財産は、土地・家屋などの不動産のほか、現金や預貯金、有価証券、貴金属・宝石や骨董、貸付金、特許権や著作権などの経済的価値があるもの、つまり、**金銭に見積もることができるすべてのもの**が対象です。

相続税の課税財産には、死亡後に支払われる死亡保険金や死亡退職金も含まれます。また、被保険者が亡くなった人以外の生命保険金においては、積立金や保険料を亡くなった人が生前に負担していたものも課税の対象になります。

一方、債務については、マイナスの財産として差し引くことができます。

また、相続税の対象外となる財産もあります（52、93ページ参照）。墓地や神像・仏像など、日常的に礼拝している宗教物には課税されません。宗教・慈善・学術など、公益事業に使ってもらう目的で遺す財産も対象外です。

＼ 財産の見積表 ／

プラス財産	預金 現金	銀行		円
		銀行		円
		銀行		円
		銀行		円
		銀行		円
		現金		円
	土地			円
				円
	建物			円
				円
	有価 証券			円
				円
				円
				円
	金・ 投資 商品			円
				円
				円
				円
	債権			円
				円
みなし相続財産	保険			円
				円
				円
マイナス財産	債務			円
				円
		計		円

相続税はいくらになりそう?

相続税は、正味の遺産額から基礎控除を控除したあと、法定相続人が法定相続分を相続したものとして計算します。正味の遺産額は、**相続時精算課税** ↓解説1-8 を選択している場合は贈与を受けた財産を加算し、葬式費用などの債務を控除し、さらに生前贈与額の**持ち戻しを加算**(さかのぼって対象に加えること)をおこない ↓解説1-2 算出した金額です。

法定相続分とは、相続人の間で遺産分割の合意ができなかった場合に備えて、民法が定めている「遺産の取り分」をいいます。相続税の計算では、「民法の規定のとおりに相続したもの」として、まずは「相続税の総額」を算出します。次に、この「相続税の総額」を、実際に相続した人が実際の相続分に応じて分ける(これを相続税の「按分《あんぶん》」という)ことによって相続人各人の納税額を計算します。この額がわかれば、将来の相続人は納税用の資金をあらかじめ用意しておくことができます。

なお、配偶者と一親等の血族を除く相続人は、按分された額に2割を加算した額が納税額となります。

＼ 法定相続分と相続税の速算表 ／

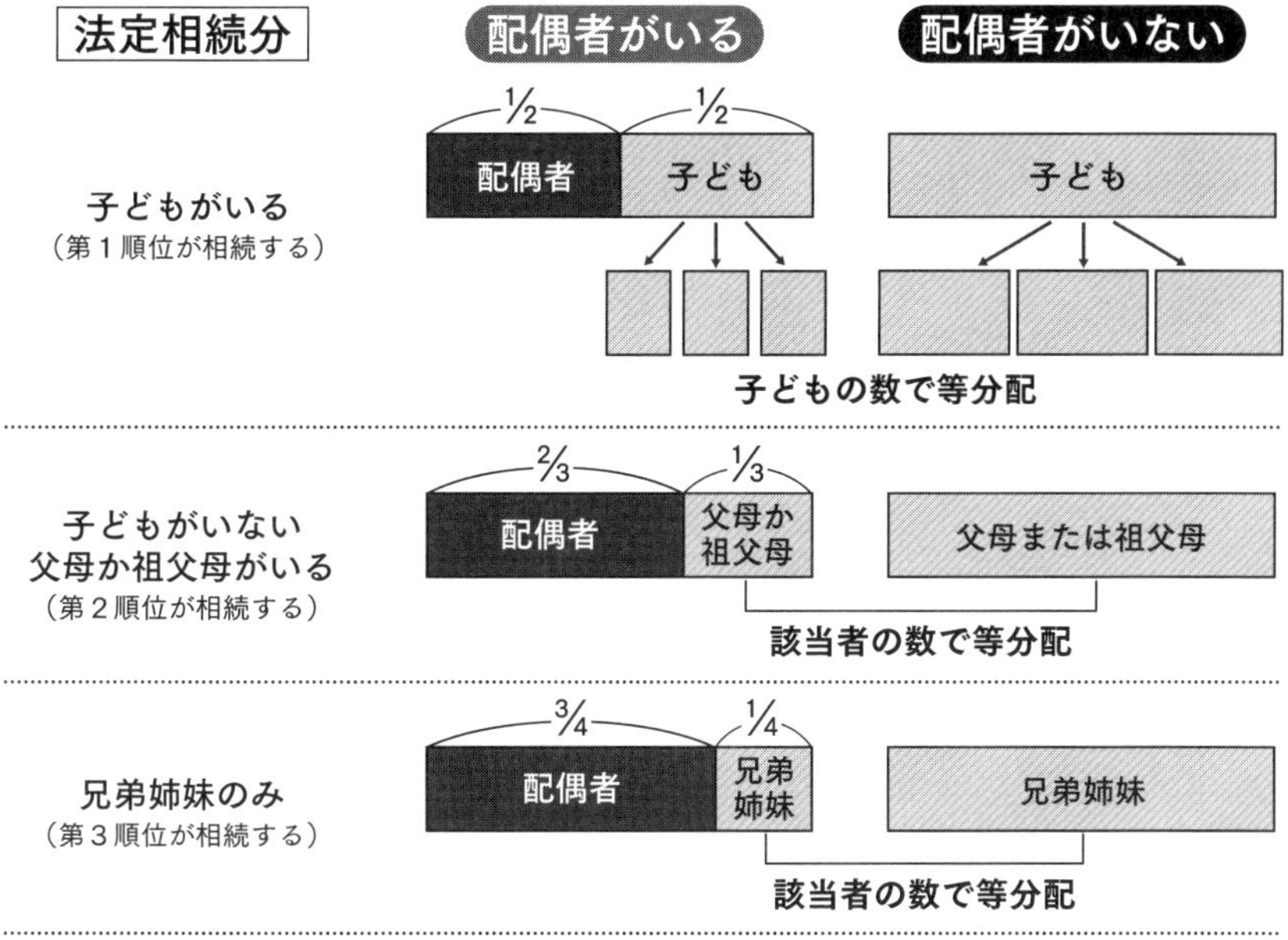

※配偶者は常に相続人になる

相続税の速算表

法定相続分で受け取るお金	× 税率	− 控除額
1000万円以下	10％	—
3000万円以下	15％	50万円
5000万円以下	20％	200万円
1億円以下	30％	700万円
2億円以下	40％	1700万円
3億円以下	45％	2700万円
6億円以下	50％	4200万円
6億円超	55％	7200万円

どうすれば相続税を抑えられるの？

相続税を節税するには、大きく分けて３つの方法があります（６～７ページ、チャート図参照）。

１つめは、**相続税の課税対象となる財産そのものを減らすこと**です。これは、生きている間に財産を他者に**生前贈与**をおこない実質的に減らす方法で、**金融資産の多い人向き**です。本書では主にＰＡＲＴ１で扱います。

２つめは、**税制上の決まりを利用して財産の評価額を下げること**で、**不動産が多い人向き**です。主にＰＡＲＴ２で扱います。

３つめは、**税制上のさまざまな特例などを活用すること**です。相続時精算課税制度のほか、教育資金の一括贈与の特例、結婚・子育て資金の一括贈与の特例などがあります。

また、「今住んでいる相続人が、その家に住み続けられるようにする」「今の事業を続けられるようにする」といった目的で、一定面積以内の宅地や事業用宅地の課税価格が減額されたり、農地や山林、非上場株式にかかる納税が猶予されたりします。

これらの制度を組み合わせることで、相続税の額を減らすことができます。

なお、生前贈与の活用にあたっては、２０２４年１月１日からの「暦年課税の生前贈与加算期間の延長」⬇解説1-2 に注意する必要があります。

相続が開始するとさまざまな手続きが必要で、期限も限られているので、事務処理にもたいへんな負担がかかります。相続人は、大切な家族を失いその喪失感のなかで、このような諸手続きに対応していかなければなりません。

これが、私たちが生前対策を重要視するいちばんの理由です。本書を手にした今から、これらの負担を軽くすべく対策を講じていきましょう。

PART 1

金融資産が多めの人の生前贈与と節税対策

事例
1

できるだけ多くの財産を子どもに遺すには、どうすればいい？

元会社員のAさんは、68歳。妻と2人の子どもがいます。

東京都下に一戸建ての自宅を持つほか、在職中に貯めた預貯金や退職金など、多額の金融資産があります。

今後の老後資金を差し引いても5000万円は残る見込みで、そうすると相続財産は相続税の基礎控除額を超え、遺される家族に税負担が生じそうです。

せっかく築いた財産。できれば課税されることなく、すべてを子どもたちに遺してあげたいと思っています。さて、Aさんはどのような対策をとればいいでしょうか。

Aさんの家族構成…Aさん／妻／長男夫婦／長女夫婦
Aさんの資産…不動産：自宅1800万円／金融資産：預貯金5000万円
相続税の基礎控除額…4800万円　**減らしたい額…**2000万円

＼ 基礎控除の枠内におさめたいAさん ／

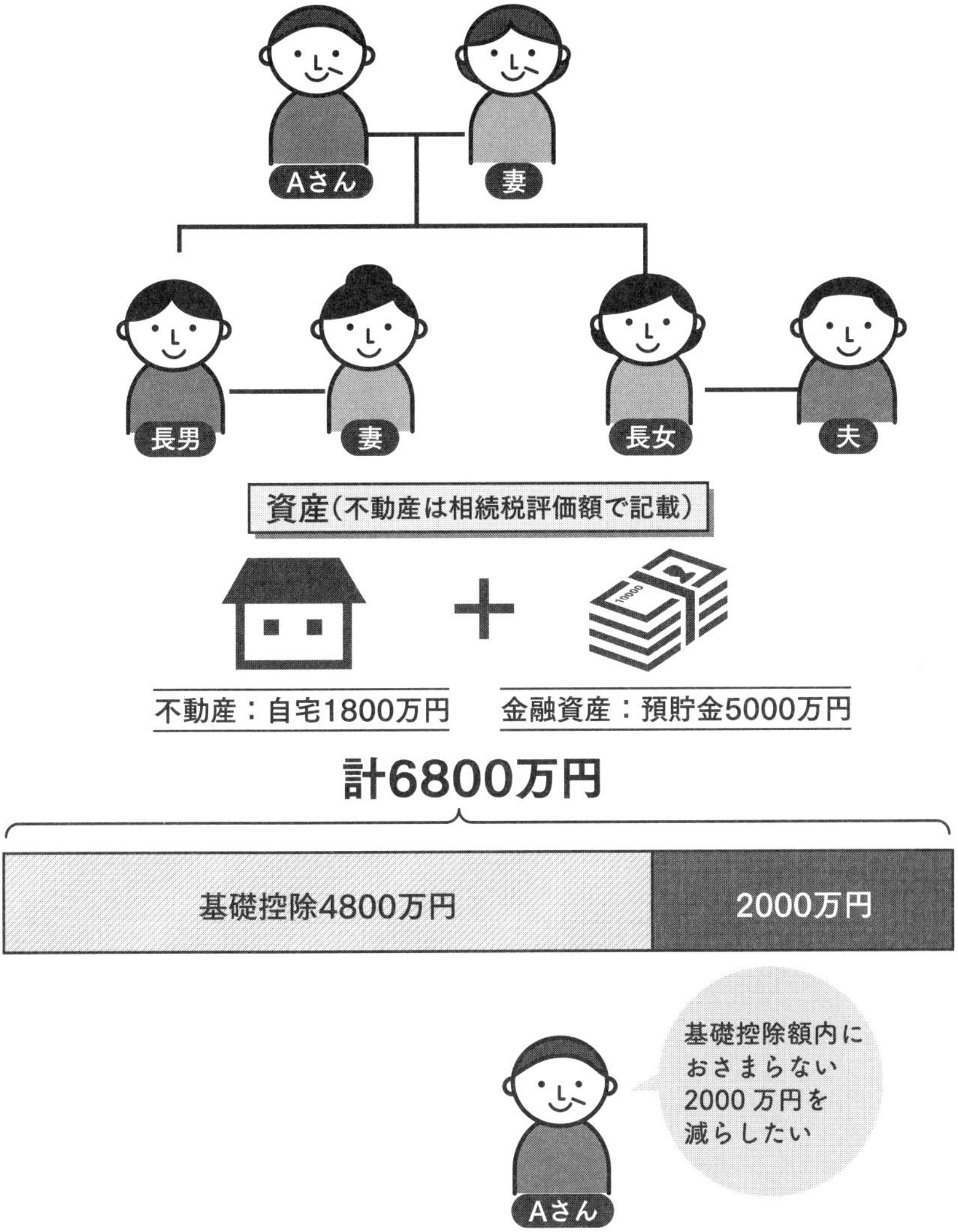

解決

時間的な余裕のある人は、110万円以内の額を毎年コツコツ渡す

Aさんは68歳とまだ若く、自身の相続までには少し時間的な余裕がある年齢です。そんな人には、贈与税の基礎控除内で年数をかけて贈与する**暦年贈与**《れきねんぞうよ》 ⬇解説1-1 がおすすめです。

贈与税には**毎年110万円の基礎控除**があります。相続税の基礎控除と比べると大きな額ではありませんが、毎年くりかえしこの基礎控除の範囲内で贈与していけば、多くの財産を次世代に承継することができます。

「贈ったお金は受け取った人の管理下に置く」という贈与のルール ⬇解説1-2 を守れば、子どもたちに税負担が生じることはありません。

この方法は回数を重ねると効果が出るので、早めに開始することをおすすめします。「相続税の基礎控除内におさまる額だけ残るように贈与する」という想定で、プランを立ててもいいかもしれません。なお、2024年1月1日から、相続人に対する暦年贈与は生前贈与加算期間の延長の対象になります。

また、自分の老後資金までゆずってしまわないように注意しましょう。今後の自分の生活に必要な分は、あらかじめ、きちんと確保しておくことも大切です。

対策
贈与の基礎控除内で毎年渡す

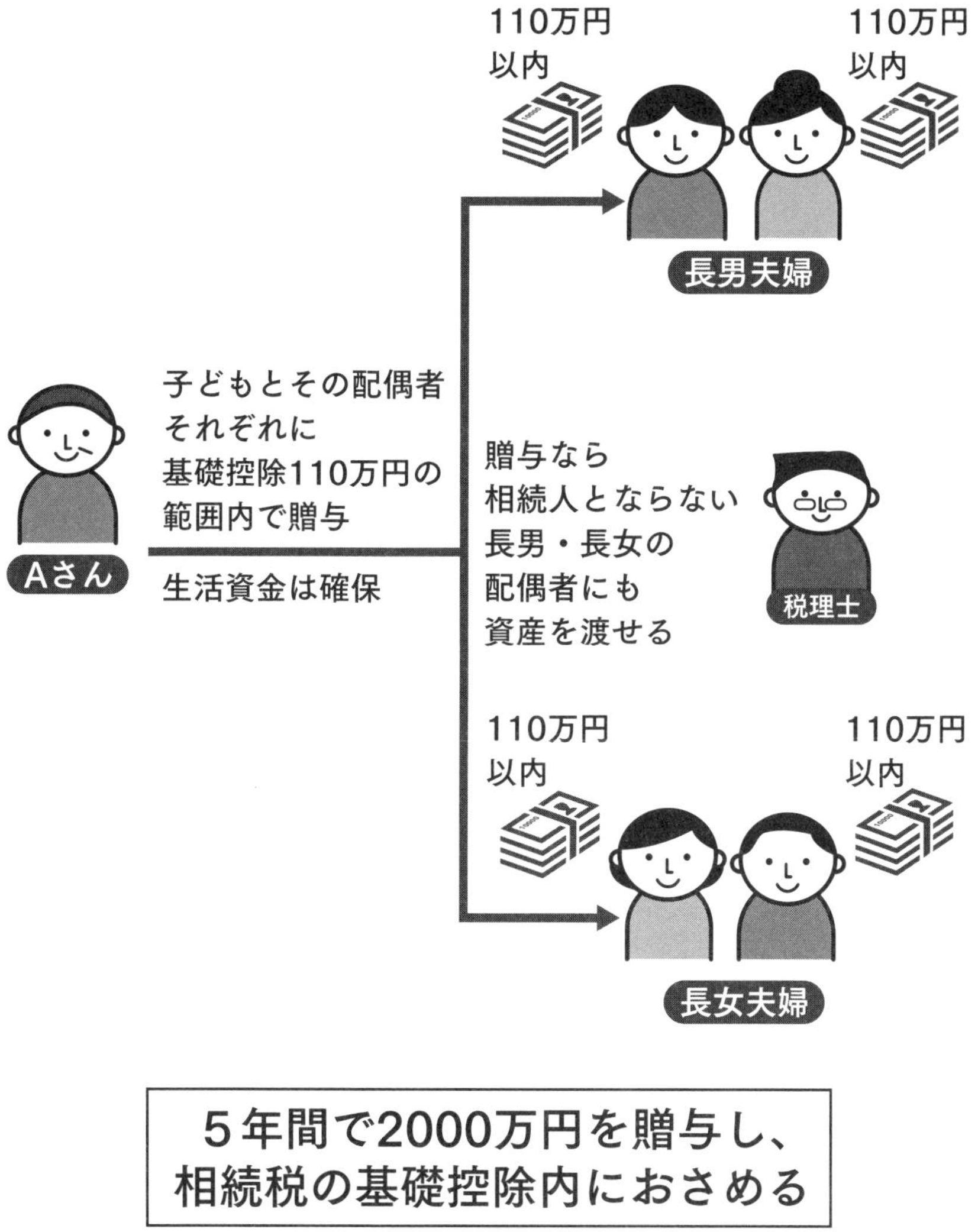
110万円以内
110万円以内
長男夫婦
Aさん
子どもとその配偶者それぞれに基礎控除110万円の範囲内で贈与
生活資金は確保
贈与なら相続人とならない長男・長女の配偶者にも資産を渡せる
税理士
110万円以内
110万円以内
長女夫婦

5年間で2000万円を贈与し、相続税の基礎控除内におさめる

事例
2

子どもは1人、孫も1人。毎年の贈与では効果が出ない……

中堅企業の会社役員だったBさんは、退職を機に、長男夫婦と孫に毎年の贈与（暦年贈与）を始めました。贈与する金額は、基礎控除額である110万円の枠内におさまるように注意しています。

しかし、贈与する人が少ないため、5年かけてようやく1600万円ほど渡せただけ。現在、一戸建ての自宅のほか、金融資産が4500万円ほどありますが、相続税の基礎控除額以下まで減らすには、かなりの時間がかかりそうです。

「もっと効率よく、息子一家に資産を渡せないものか？」とBさんは頭を悩ませています。

Bさんの家族構成：Bさん／妻／長男夫婦／孫1人（長男夫婦は賃貸マンションに居住）
Bさんの資産：**不動産**：自宅2500万円／**金融資産**：預貯金4000万円、株500万円
相続税の基礎控除額：4200万円　**減らしたい額**：2800万円

＼ 暦年贈与だと時間がかかるBさん ／

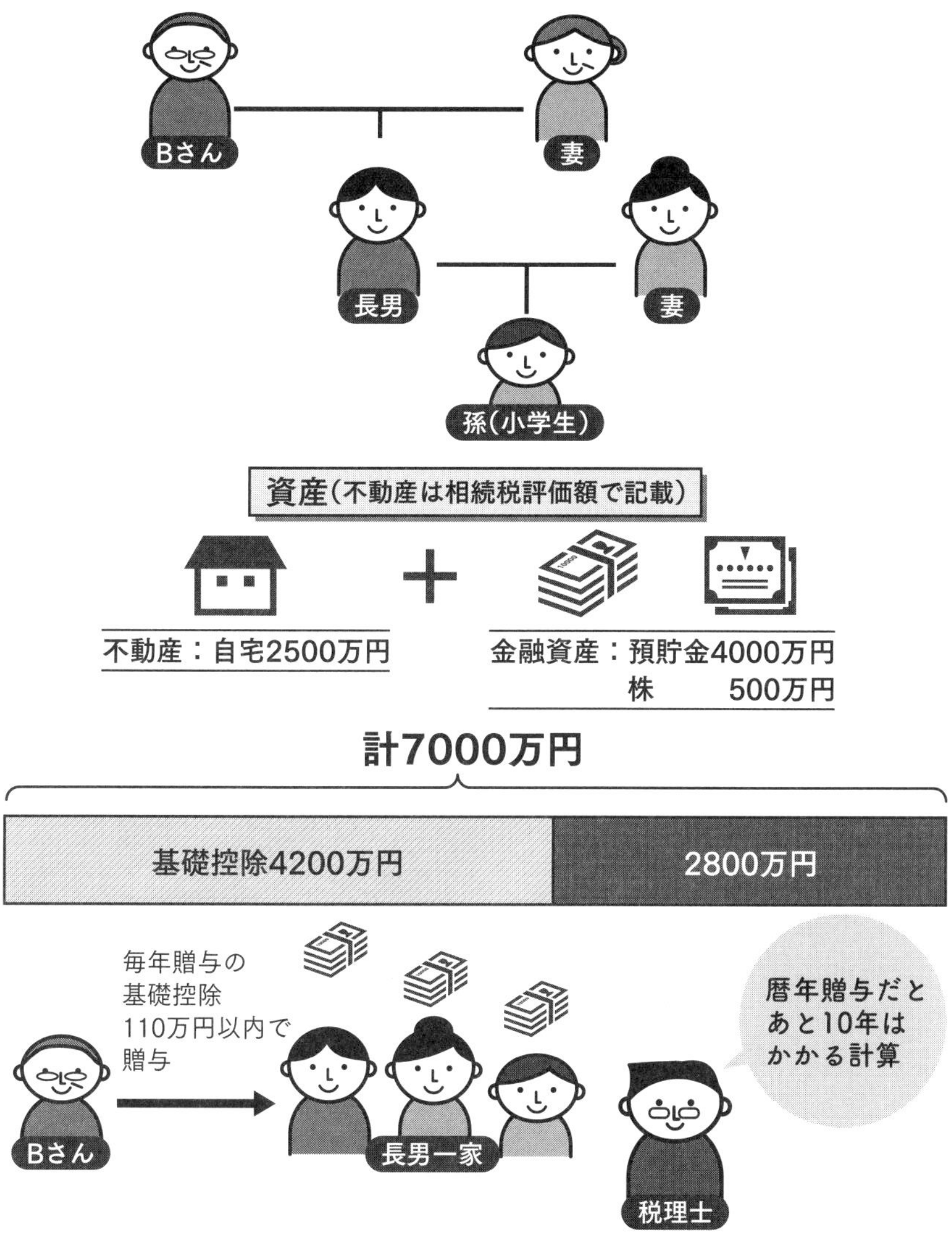

解決

住宅取得等資金と教育資金の一括贈与の特例を使って贈与する

原則として、贈与を受けた人の贈与の合計額が年間110万円を超えると、超えた分の金額に対して贈与税がかかります。

しかし特例として、**子どもや孫（直系卑属）に対して一定の目的に使われる資金を贈るケースは、一定額まで非課税**になります。

特に、住宅取得等資金を贈与する場合は、相続が発生する直前の贈与でも、相続税への持ち戻し⬇解説1-2がなされず、節税になります。

Bさんの長男夫婦のようにマイホームを持っていない場合は、この特例を利用して、住宅取得等資金として贈与を検討するとよいでしょう⬇解説1-3。

また、在学中の孫がいる場合には、教育資金を贈与します⬇解説1-4。1500万円まで一括で贈与できる教育資金の一括贈与の特例は「信託契約にしなければならない」など手続き上の決まりごとがあり、少しめんどうに感じるかもしれません。

しかし、今は銀行各行が一定の諸手続きを代行するサービスも提供しているので、利用しやすくなっています。

対策

＼ 贈与の特例で大きなお金を渡す ／

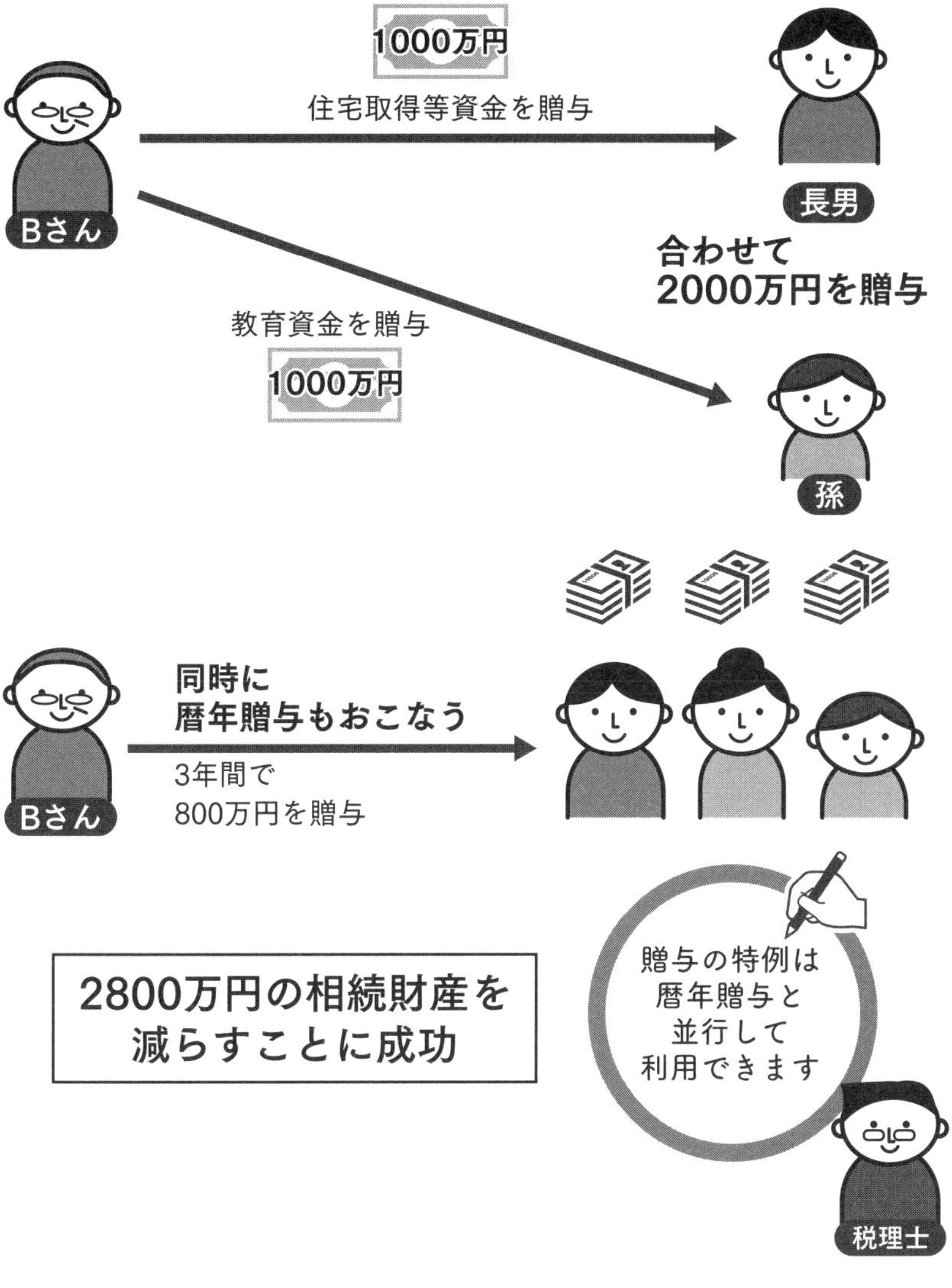

事例
3

子ども一家は住宅取得も子育ても終了。一括贈与で節税はできないの？

Cさんは、先日突然、友人が他界したことから、自身の相続をリアルに感じ、生前贈与を考えています。

できればあまり時間をかけずに贈与していきたいのですが、子どもたちはすでにマイホームを持っており、孫たちも全員働いているので、住宅取得資金や教育資金の特例は使えません。

そうなると、やはり暦年贈与でコツコツ渡していくしか方法はないのでしょうか。Cさんの財産は、自宅にしている分譲マンションと、金融資産が6000万円あります。

Cさんの家族構成…Cさん／妻／長男夫婦・孫1人／次男夫婦・孫1人／長女夫婦・孫1人
（子どもは全員住宅取得済み。長女夫婦にCさんのひ孫）

Cさんの資産…不動産：自宅マンション3500万円／金融資産：預貯金6000万円

相続税の基礎控除額…5400万円　**減らしたい額**…4100万円

＼ 住宅と教育資金の特例が使えないCさん ／

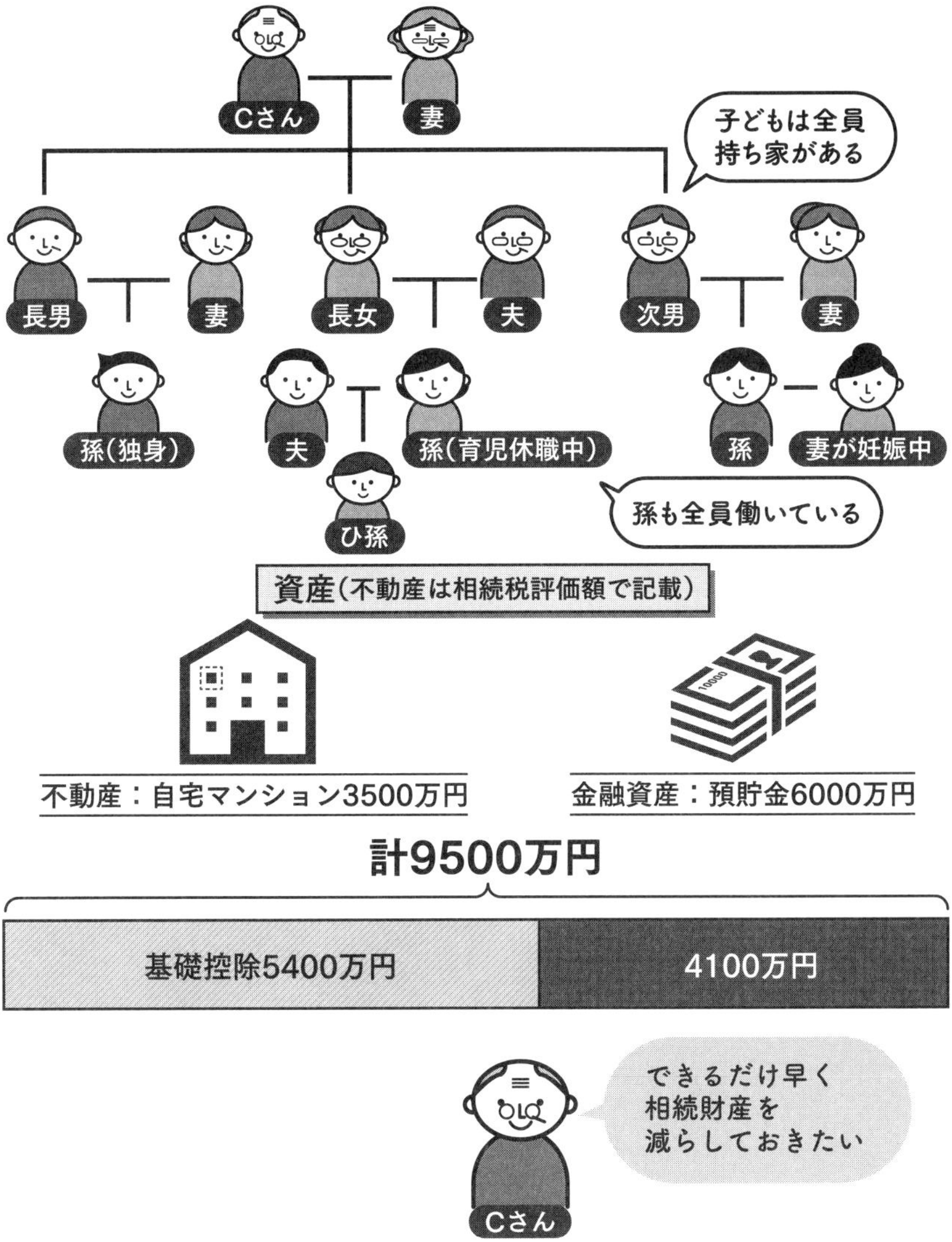

解決

結婚・出産・子育て資金として孫へ贈与する

贈与の特例として、結婚・出産・子育て資金の贈与にも非課税枠があります ➡解説1-5 。この制度は、直系尊属からの贈与が対象となるので、**子どもだけでなく、孫やひ孫にも、非課税枠を用いて贈与できます。**

Cさんは3人の孫がいるので、非課税枠を3人分使うことができます。

1000万円まで非課税で贈与できますが、Cさんが亡くなった時点で孫たちが資金を使い残していた場合、残った額はCさんの相続財産に加算されるので注意が必要です。

つまり、その分には相続税が発生するので、**贈与された人が現実的に使いきれる額を見積もって贈与することが**大切です。

また、Cさんのように孫が複数人いる場合は、それぞれに贈与するように心がけることも大切です。贈与をした時点では、ほかの親族にわからないからと思っていても、相続が発生して財産を計算するときに、贈与の事実は必ず明らかになります。

のちに親族がもめないように、贈与の事実はオープンにし、不平不満の出ないかたちを心がけることも大事です。

対策

＼ 特例で孫に結婚・出産・子育て資金を贈与 ／

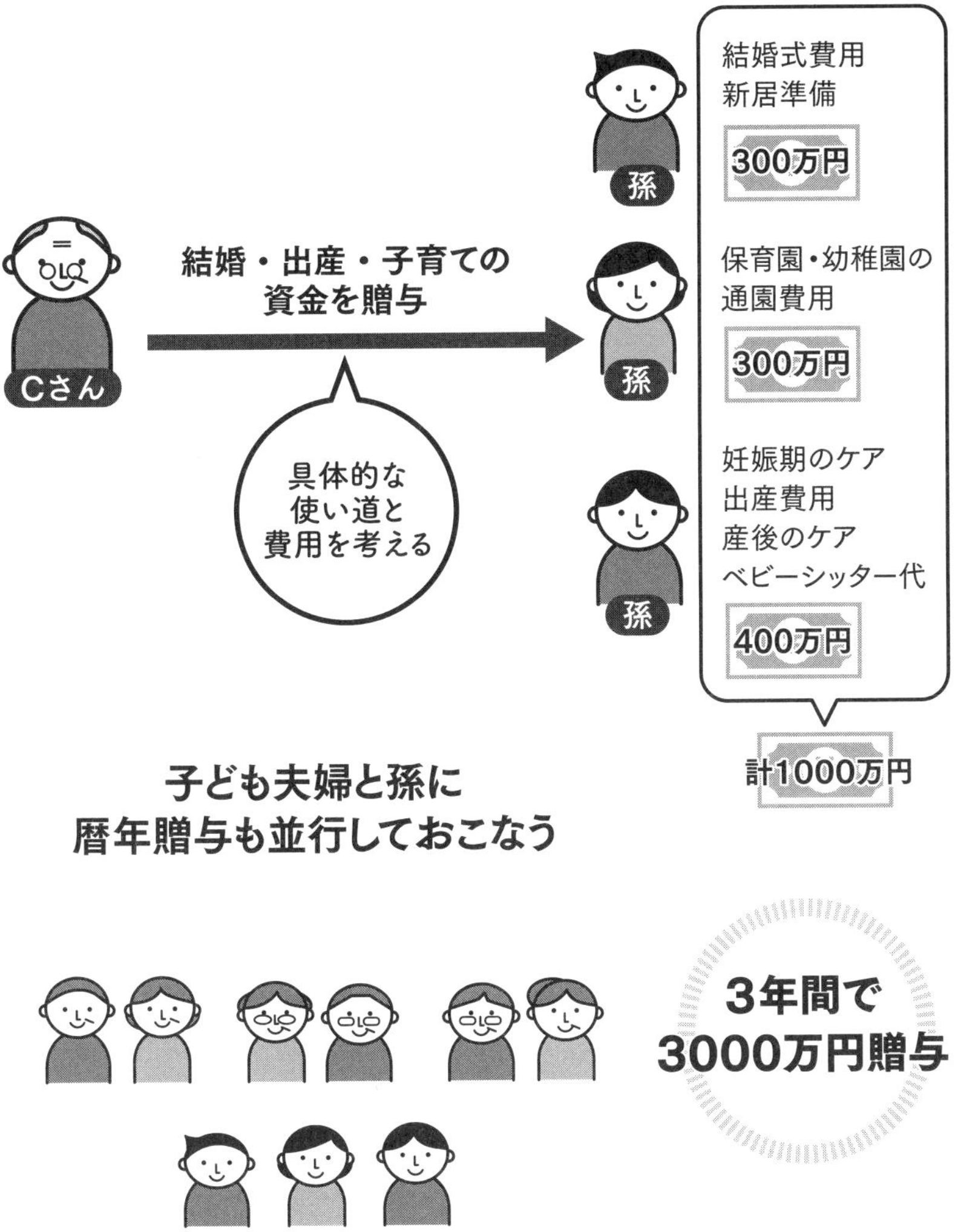

事例
4

自分亡きあと、妻の老後に備えたい

Dさんは妻が足を傷めたのを機に、交通が不便な郊外の一軒家を売却し、現在は駅近の賃貸マンションに住んでいます。持ち家の売却益を含め、相続に回せそうな資産が6000万円あります。Dさんはこれを法定相続分どおりに、妻と2人の子どもに分けたいと考えています。

ただ、少し気がかりなのは、子どもたちと疎遠になっていること。特に、息子の妻とは数年に一度ぐらいしか会う機会がなく、気心が知れません。自分亡きあと、相続争いが起きて妻に不利にならないかと、Dさんは不安でなりません。

Dさんの家族構成…Dさん／妻（足が悪い）／長男夫婦（Dさんの妻と不仲）／長女夫婦（結婚後は疎遠に）

Dさんの資産…金融資産：預貯金6000万円

相続税の基礎控除額…4800万円　**減らしたい額…**1200万円

＼ 妻の老後が心配なDさん ／

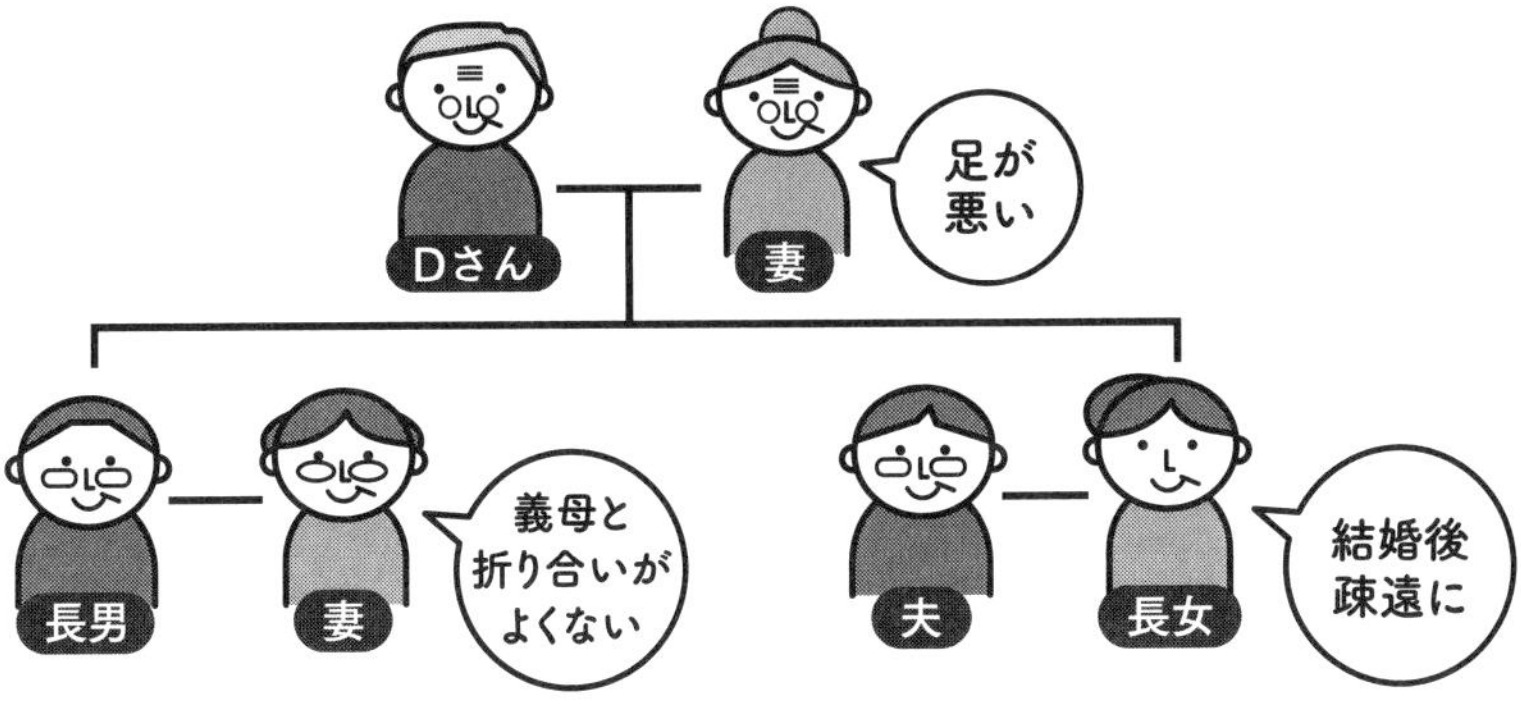

資産

不動産：なし

持ち家を売却し
現在は賃貸マンションに居住

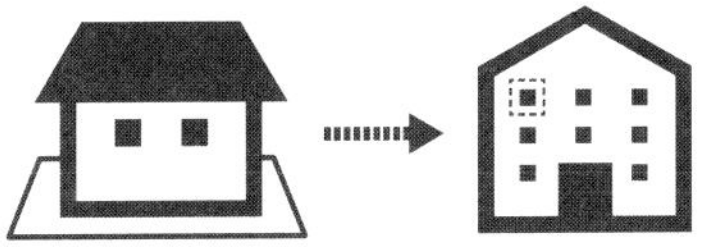

金融資産：預貯金6000万円

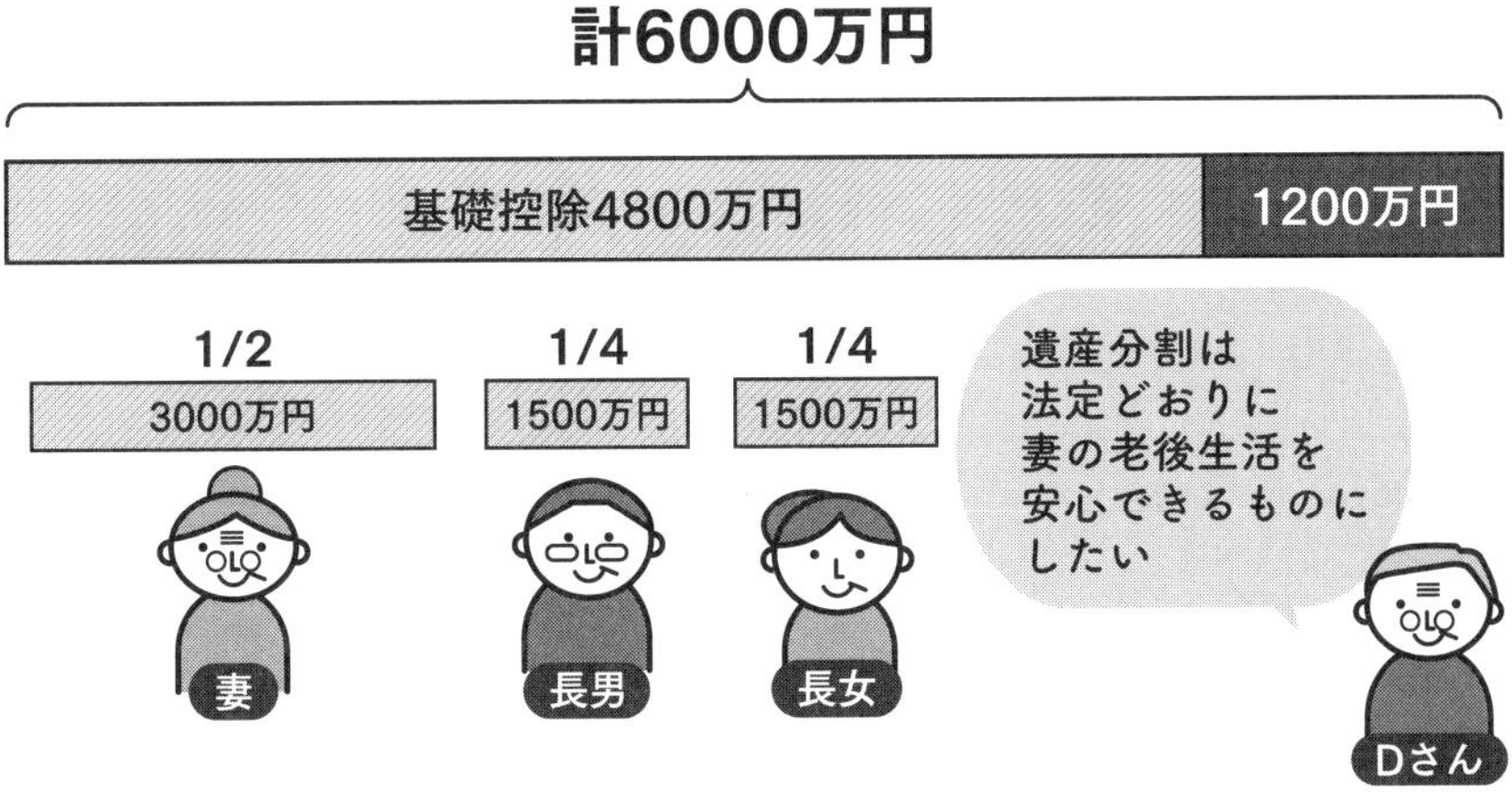

解決

終《つい》のすみかを購入し、非課税枠内で妻に贈る

老後生活では、住居は大切な生活基盤。賃貸でなく所有していたほうが安心です。相続に回すお金を住宅の購入資金に使えば、節税になります。

ただ、新しく自宅を買っても、Dさん名義になっていると、相続時に遺産分割の対象になり、配偶者に確実に渡る保証がありません。そこで利用したいのが、**夫婦の間で居住用の不動産を贈与したときの配偶者控除の特例**、いわゆる**おしどり贈与**です ⬇解説1-6。

これは、住む家を配偶者に贈る場合、**2000万円分は課税されない**特例です。Dさんは妻に3000万円を渡す予定なので、そのうち2000万円を購入資金として、住みやすくコンパクトなシニア夫婦向けマンションを買い、名義を妻にします。2000万円分の不動産を妻に贈与するかたちです。

万が一、Dさん亡きあと、妻が介護つきの老人ホームに入ることになった場合も、そのマンションを売却して入所資金にすれば、サービスの充実した老人ホームを選べます。

なお、知識としては、2020年4月1日以降に発生した相続から適用可能な**配偶者居住権**について知っておくと、自分亡きあとの配偶者の老後の心配も少しはおさまるはずです ⬇解説1-7。

対策

＼ おしどり贈与で妻に自宅を贈与 ／

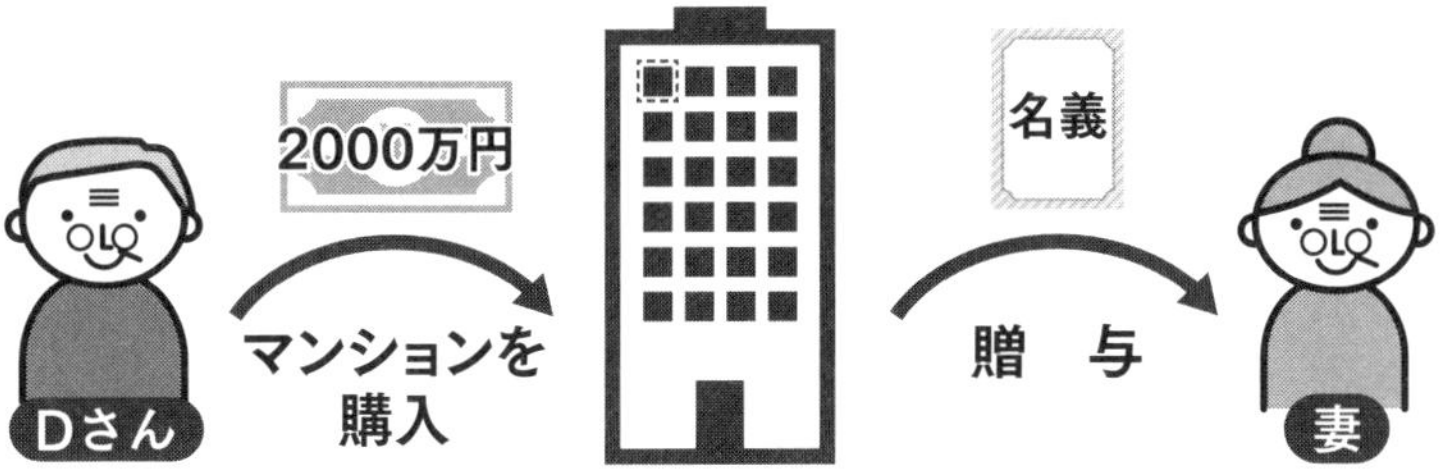

相続時の遺産分割

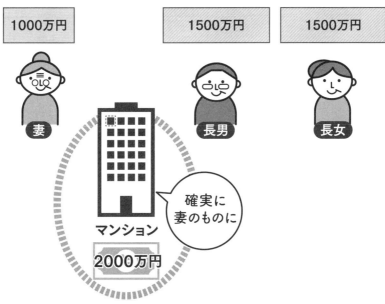

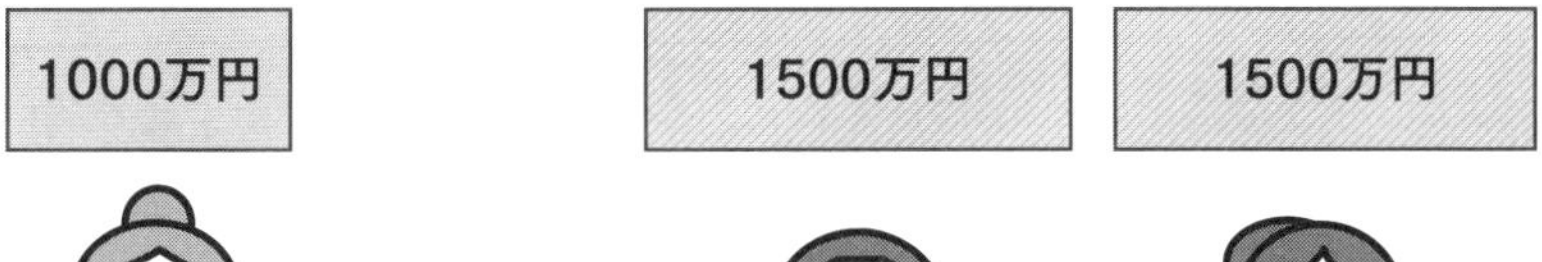

**マンションは妻名義のため
相続財産には入らない**

事例
5

家賃収入があって、贈与しても財産が減らない

Eさんの資産は自宅と預貯金、賃貸用のアパート1棟です。これまで暦年贈与や他の贈与の特例を利用し、財産の圧縮をはかってきました。

しかし、アパートの家賃収入が毎年500万円あるため、贈与で現金を減らしてもまた増えてしまい、資産が1億円から減りません。

アパートを売れば家賃収入はなくなりますが、高収益の物件なので手放すのは気が進みません。相続財産を減らすために、家賃収入を何とかできないか悩んでいます。

Eさんの家族構成…Eさん／妻／長男夫婦・孫1人／次男夫婦

Eさんの資産…不動産：自宅2500万円・賃貸用アパート4500万円(土地2500万円／建物2000万円)／金融資産：預貯金3000万円＋家賃収入：毎年500万円

相続税の基礎控除額…4800万円　**減らしたい額…**5200万円＋家賃収入

暦年贈与が資産増に追いつかないEさん

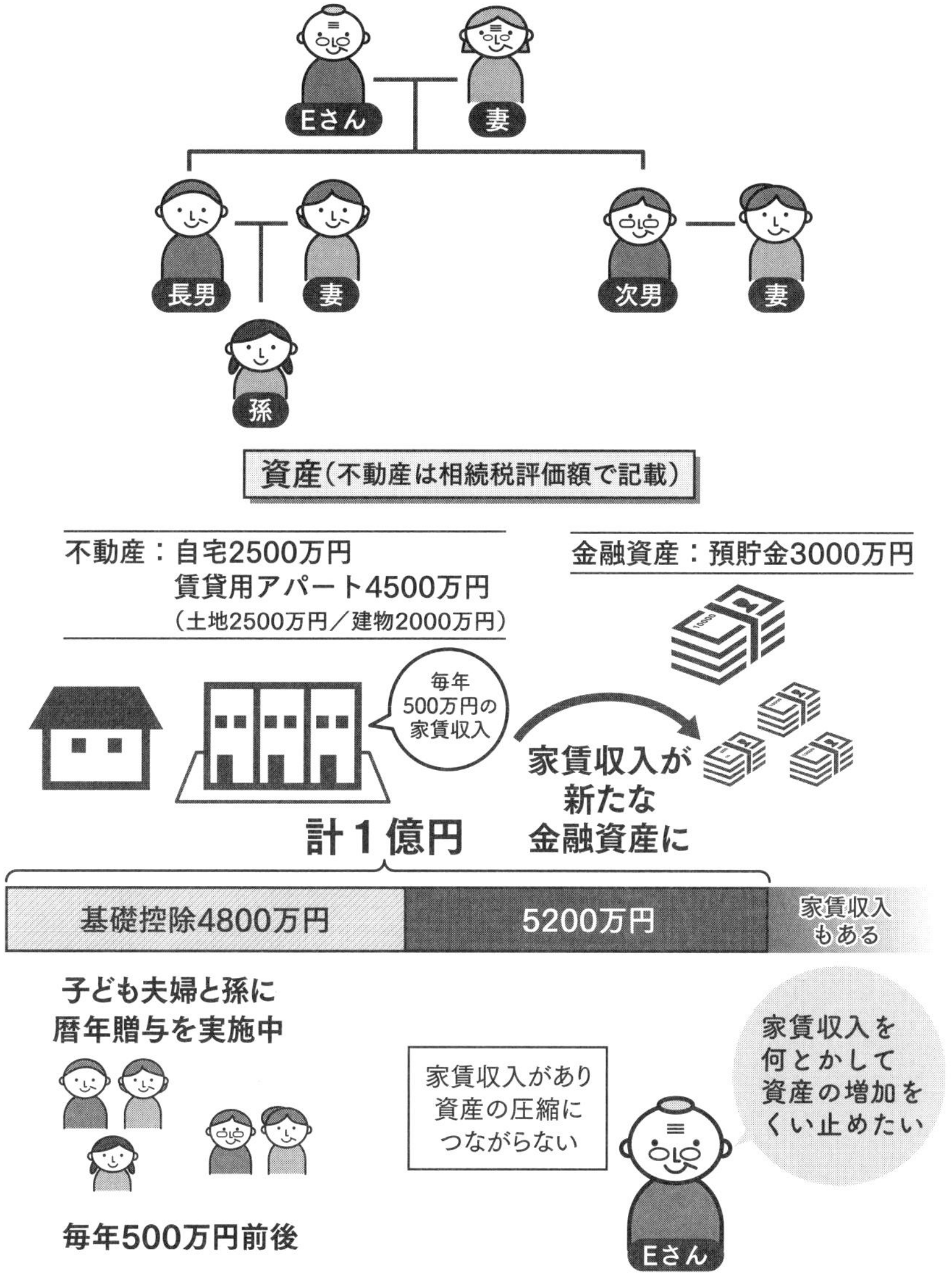
Eさん
妻
長男
妻
次男
妻
孫
資産(不動産は相続税評価額で記載)
不動産:自宅2500万円
賃貸用アパート4500万円
(土地2500万円/建物2000万円)
金融資産:預貯金3000万円
毎年500万円の家賃収入
家賃収入が新たな金融資産に
計1億円
基礎控除4800万円
5200万円
家賃収入もある
子ども夫婦と孫に暦年贈与を実施中
毎年500万円前後
家賃収入があり資産の圧縮につながらない
家賃収入を何とかして資産の増加をくい止めたい
Eさん

解決

収益不動産を子どもに贈与し、収益を生む資産を切り離す

贈与で財産を減らしても、それ以上に収益を生む資産がある場合は、**その資産を財産から切り離す**のがいちばんです。

Ｅさんの例でいえば、相続開始を待たずに賃貸用のアパートを長男にゆずることができれば、以後の家賃収入は長男に入り、Ｅさんの資産はそれ以上増えません。

通常、高額な贈与には高率の贈与税が課せられます。しかし、贈与を受け取る人が将来の相続人にあたる場合、受け取る側が相続時精算課税制度 ⬇解説1-8 の手続きをすれば、**非課税で2500万円まで資産を移転できます**。

もっとも、相続時精算課税は完全な非課税ではなく、その名のとおり、相続したときの相続税の計算上、生前に受け取った分も相続財産に加算して相続税額を計算します。

この制度は本来、「相続税がかかりそうもなく、相続時に精算しなくて済む」というケースに有効ですが、Ｅさんのように、収益不動産を財産から切り離したい場合にも有効です。

なお、2024年1月からは相続時精算課税を選択した場合も、暦年課税の基礎控除とは別に年間110万円の基礎控除を使えるようになります。

対策

＼ 相続時精算課税制度で収益を生む資産を切り離す ／

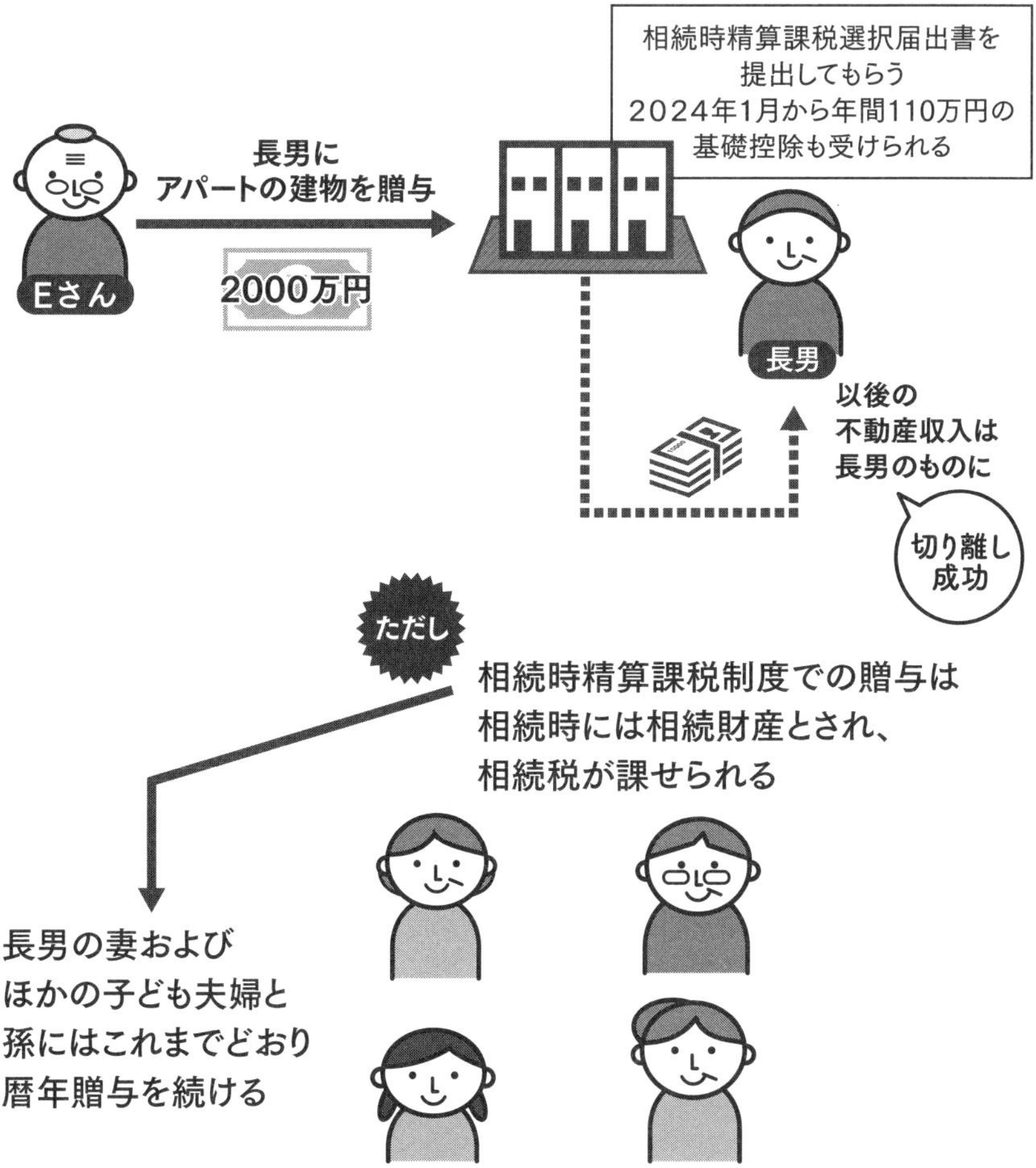
暦年贈与を続ける

金融資産の3000万円を
贈与で減らしつつ節税をはかる

事例
6

大病を患い、生前贈与の持ち戻しを避けたい

これまでさまざまな贈与で財産を圧縮してきたFさん。あと400万円ほど減らせば、相続税の基礎控除の枠内におさまるところまでこぎつけました。しかし最近、大病を患ったことで、「今後はうかつに贈与できない」と考えるようになりました。これから贈与する分が、「相続開始前3年（または7年）以内の持ち戻し」となるかもしれないからです。

モノを購入すれば現金は減らせますが、購入物が相続財産に組み入れられるので、節税対策は限られます。現金を減らすことができて、なおかつ相続税の課税財産にならない、そんな対策はないかと思案しています。

Fさんの家族構成…Fさん／妻／長女夫婦・孫2人／次女夫婦・孫2人
Fさんの資産…不動産：自宅マンション1000万円／金融資産：預貯金4200万円
相続税の基礎控除額…4800万円　**減らしたい額…**400万円

＼ あと少しで基礎控除の枠内におさまるＦさんの場合 ／

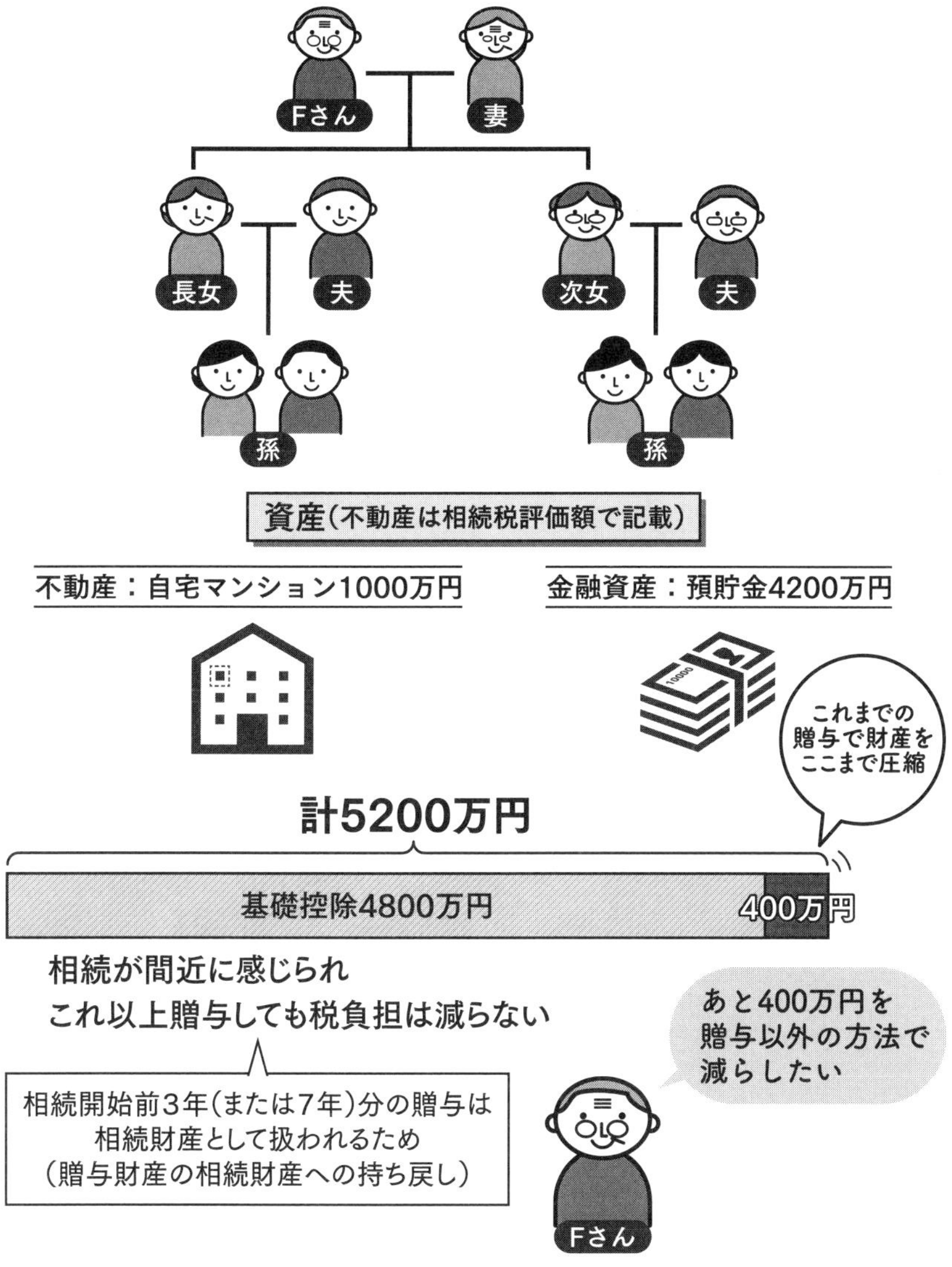
Fさん
妻
長女
夫
次女
夫
孫
孫
資産（不動産は相続税評価額で記載）
不動産：自宅マンション1000万円
金融資産：預貯金4200万円
これまでの
贈与で財産を
ここまで圧縮
計5200万円
基礎控除4800万円
400万円
相続が間近に感じられ
これ以上贈与しても税負担は減らない
相続開始前3年（または7年）分の贈与は
相続財産として扱われるため
（贈与財産の相続財産への持ち戻し）
あと400万円を
贈与以外の方法で
減らしたい
Fさん

解決

お墓を購入し、手持ちの現金を減らす

　Fさんが心配している**相続開始前の持ち戻し**とは、**相続が発生した時点で、そこからさかのぼって一定期間内におこなわれた贈与は、相続財産に加算するルール**です ⬇解説1-2 。なお、68〜69ページでも述べるように、2024年1月からは、「3年以内」が「7年以内」となります。相続税対策として贈与をしても、人生最後の一定期間の贈与はなかったことにされるのですが、2024年1月からは7年分の贈与がなかったことにされます（贈与の特例については、例外として持ち戻されないものもある）。

　Fさんのように大病で予後《よご》が心配な場合は、自分のお墓を生前に購入し、現金を減らしておくこともできます。お墓や仏壇などは税法上、礼拝の対象になるものとして相続税がかからない決まりになっています ⬇解説1-9 。

　もし、お墓の購入を死後に子どもたちにゆだねた場合は、お葬式の費用とは違って、相続税の控除を受けられません。Fさん自身がお墓を用意しておいたほうが、遺された子どもたちにいらぬ出費をかけず、税法上でもメリットがあります。

　また、孫に対しておこなった贈与は、相続開始前の持ち戻しの対象となりませんので、節税対策として有効です ⬇解説1-10 。

対策

＼「相続税がかからない財産」＝お墓を買う／

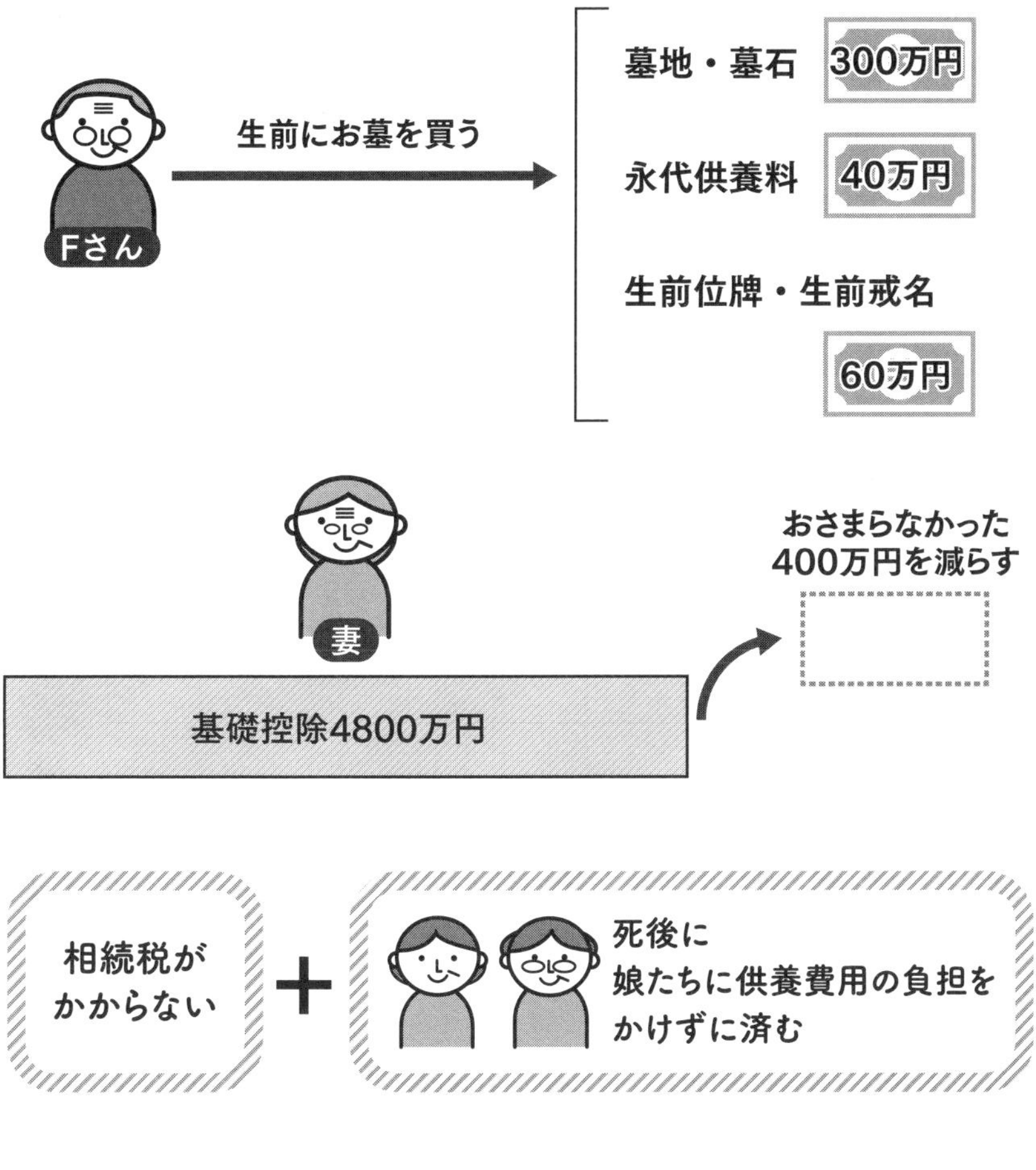

事例
7

子どもたちに贈与を辞退され、生前贈与ができない

Gさんは、相続税対策として生前贈与を始めました。しかし、ある程度贈与を進めたところで、子どもたちから、「父さんが築いた財産だし、あとは父さんが自由に使ってほしい」と贈与を辞退されてしまいました。「相続税対策だから」と説明しても、「それは何とかなるから、大丈夫」と言うのです。

子どもたちの気持ちはとてもうれしいのですが、Gさんはやはり「納税の負担をかけたくない」と思っています。そのような思いを叶えつつ、子どもたちにしっかりと財産を遺す。そんないい手はないものかと、Gさんは模索しています。

Gさんの家族構成…Gさん／長女夫婦・孫2人／長男夫婦・孫1人／次女夫婦
Gさんの資産…不動産：自宅2000万円／金融資産：預貯金4300万円
相続税の基礎控除額…4800万円　**減らしたい額**…1500万円

＼ 子どもたちに贈与を辞退されたGさんの場合 ／

解決

「一時払い終身保険」に入り、課税されない額を増やす

じつは、相続税の計算において、基礎控除とは別枠で、非課税の枠が設けられています。生命保険によって支払われる**死亡保険金**は、その非課税枠の1つです。

死亡保険金のうち**500万円×法定相続人の数**の額は、「相続税がかからない財産」として控除されます ⬇解説1-11。つまり、相続に回す現金を生命保険という形態に換えておけば、死亡保険金の控除が適用され、実質的に非課税枠が増えるわけです。

Gさんのような場合、Gさん自身が契約者兼被保険者となって、子どもたちを受取人とする一時払い終身保険に入るのが典型的な対応例です。

ただし、必ず守っておきたいのは、**支払われる保険金の合計額を非課税枠におさめること**。

Gさんの場合、法定相続人は子ども3人なので、死亡保険金の非課税枠は1500万円。受け取る保険金の合計も1500万円にしておきます。Gさんの場合は、これで相続税の基礎控除と合わせ、6300万円分を相続税がかからない財産とすることができます。

生命保険の死亡保険金は、万が一、相続税の納税が発生した場合の原資にもなるので、Gさんのような場合にはうってつけの方法です。

なお、非課税枠を限度額まで使用している場合は、低解約返戻金型の生命保険を活用し、相続税の課税評価額を引き下げることも可能です ⬇解説1-12。

対策

＼ 死亡保険金の非課税枠を利用する ／

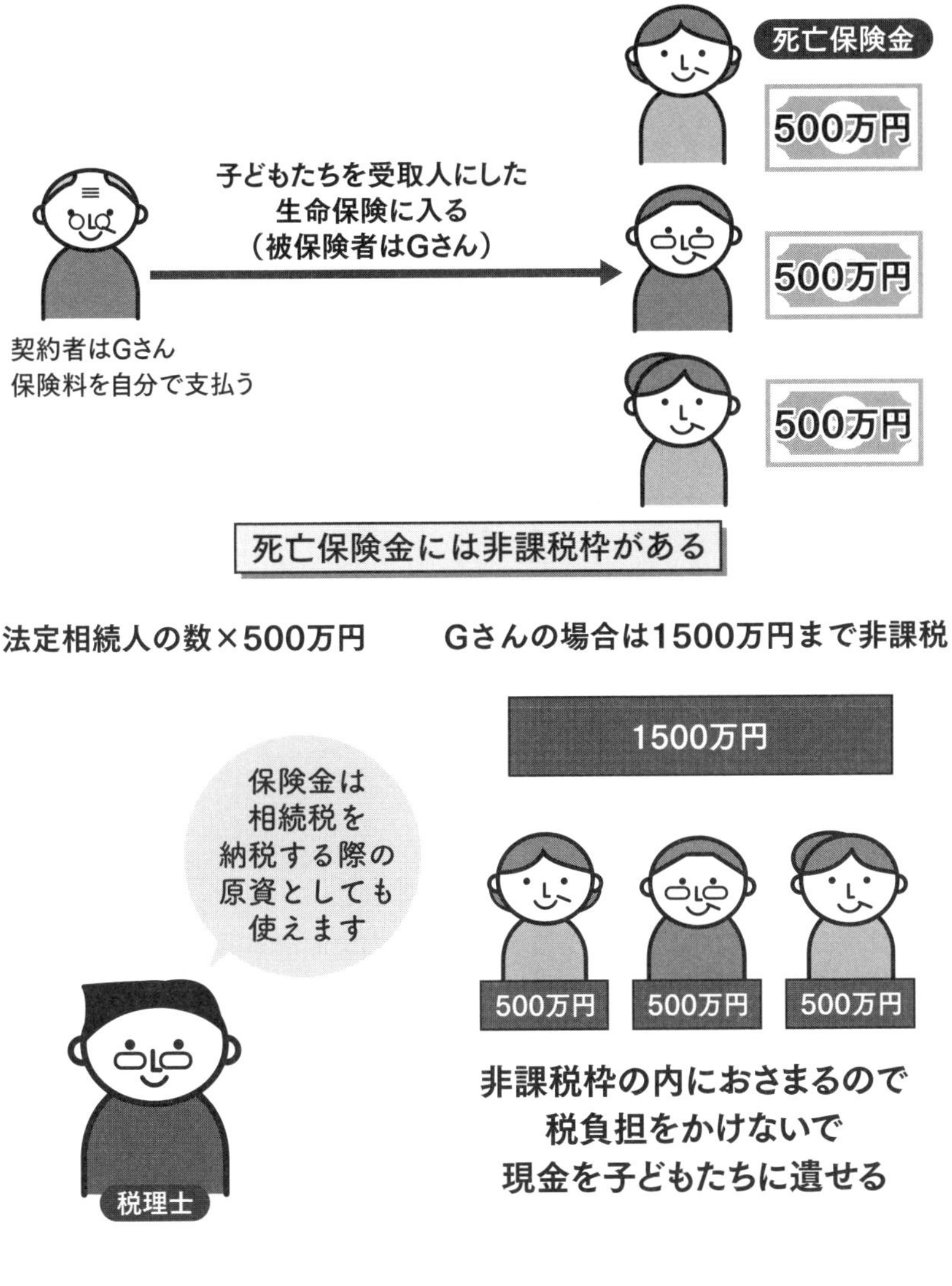
死亡保険金
500万円
子どもたちを受取人にした
生命保険に入る
（被保険者はGさん）
500万円
契約者はGさん
保険料を自分で支払う
500万円
死亡保険金には非課税枠がある
法定相続人の数×500万円
Gさんの場合は1500万円まで非課税
1500万円
保険金は
相続税を
納税する際の
原資としても
使えます
500万円
500万円
500万円
非課税枠の内におさまるので
税負担をかけないで
現金を子どもたちに遺せる
税理士

事例
8

暦年贈与をしたいが、ムダづかいさせたくない

Hさんは孫名義の口座をつくって少しずつ贈与してきましたが、孫たちのムダづかいが心配だったため、通帳は自分の手元に置き、自分が他界した時点で渡るようにと考えていました。ところが税理士から、「お孫さん自身に通帳と印鑑を手渡さないと、贈与が成立しない。このままだと相続税がかかるよ」と言われました ⬇解説1-2。

あらためて暦年贈与をしていこうと思いましたが、孫たちに通帳を渡すのは正直なところ心配です。将来のために、あまり使わずに取っておいてもらいたい。Hさんがコントロールでき、かつ贈与としても成り立つ、いい方法はないものでしょうか。

Hさんの家族構成…Hさん／妻／長男夫婦・孫3人
Hさんの資産…不動産：自宅1400万円／金融資産：預貯金4000万円
相続税の基礎控除額…4200万円　**減らしたい額**…1200万円

＼ 贈与したお金のムダづかいが心配なHさん ／

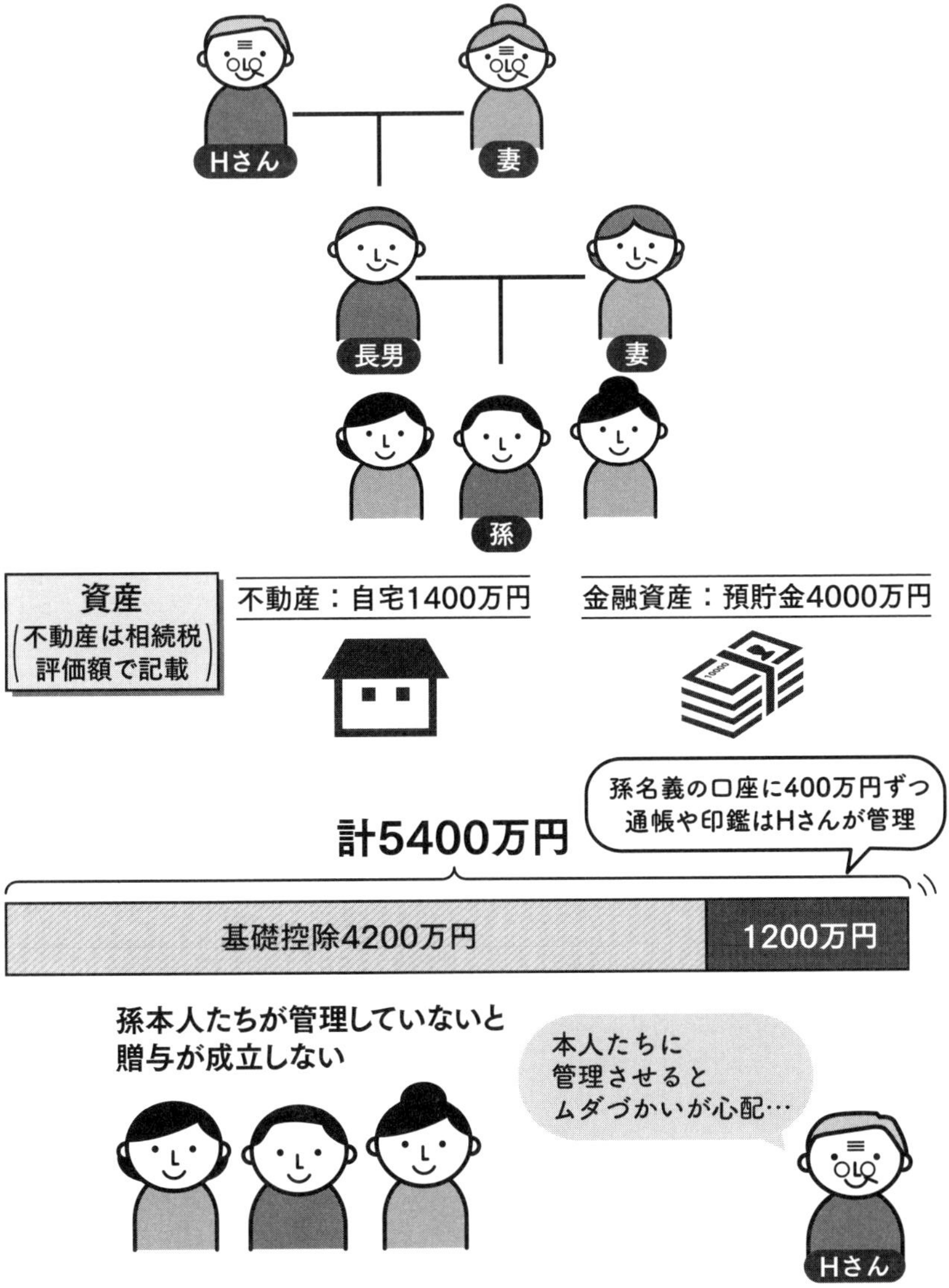

解決

孫を保険契約者にしたうえで、保険料を暦年贈与する

Hさんのような場合も、**生命保険**で解決できます。ただ、**契約者は自分ではなく孫にします。**

自分が保険料を負担した死亡保険金を孫が受け取ると、孫は相続人ではないので、保険金の非課税枠が使えず、また、相続開始前におこなわれた贈与が持ち戻しの対象になってしまうからです ⬇解説1-10。

保険料の支払いは、通常の分割払いとします。孫が保険料を支払っていくわけですが、それに充てるお金は、毎年自分が基礎控除の枠内で贈与していきます ⬇解説1-11。

これでムダづかいされることなく、自分が他界した時点で、まとまったお金として孫に渡せます。

自分が生きていても、孫は保険を解約すれば、解約返戻金を受け取ることができます。

孫自身が保険料を支払うかたちなので、保険金は自分の相続財産にならず、相続税もかかりません。

ただし、代わりに**孫が受け取った保険金に所得税がかかる**ので、その点には注意しましょう。

また、子どもや孫にＮＩＳＡの口座を開設してもらい、贈与したお金を投資資産に充てることによって有効に活用することができます ⬇解説1-13。

対策

＼ 生命保険の保険料を贈与する ／

孫たちを受取人にした生命保険に入る
（被保険者はHさん）

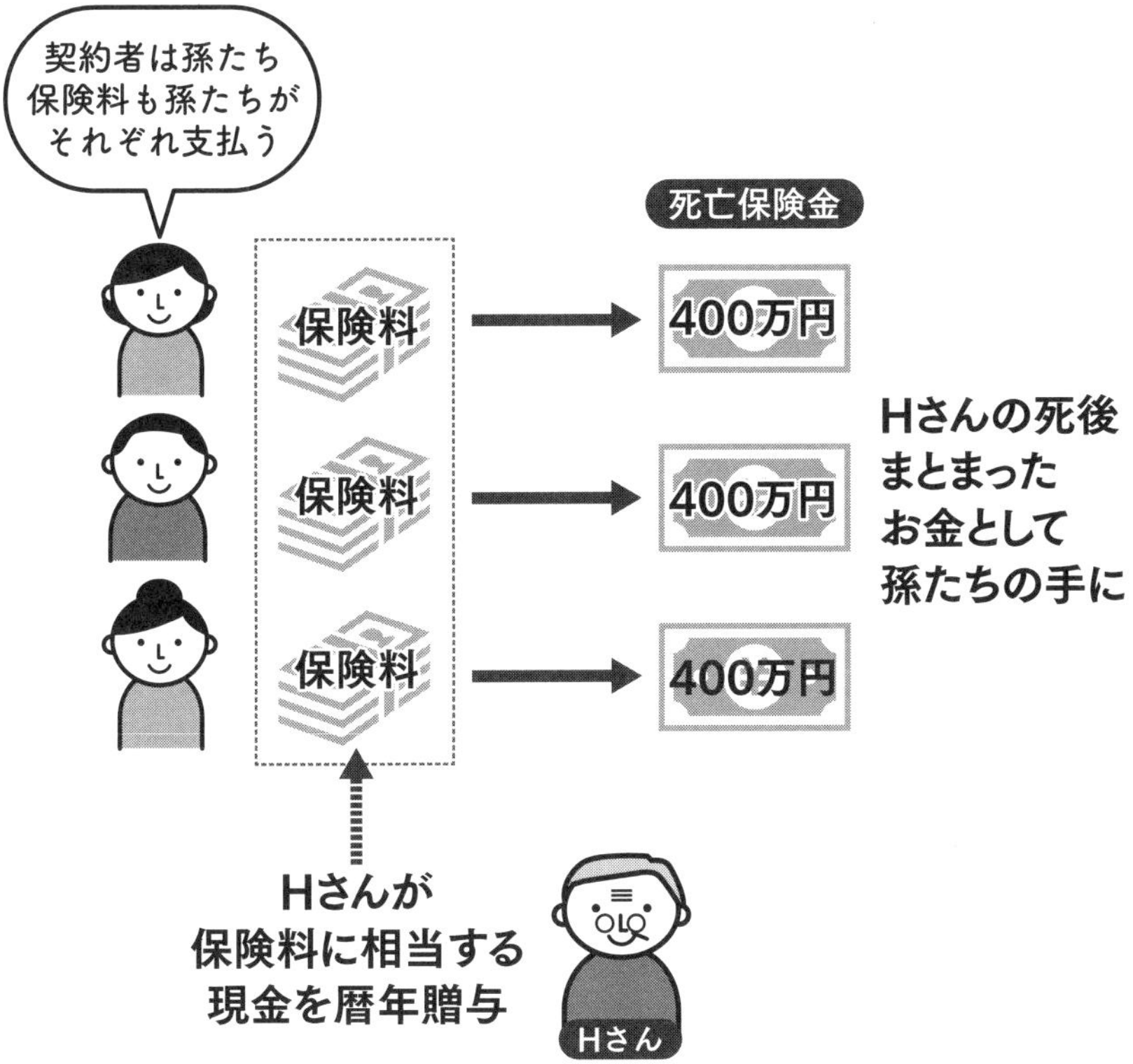
契約者は孫たち
保険料も孫たちが
それぞれ支払う
死亡保険金
保険料
400万円
保険料
400万円
保険料
400万円
Hさんの死後
まとまった
お金として
孫たちの手に
Hさんが
保険料に相当する
現金を暦年贈与
Hさん

孫が保険料を支払った死亡保険金

↓

相続財産ではなく、孫の所得となる

解説 1-1

暦年贈与で財産を渡せる人と非課税枠を理解する

◉遺言書で意思を伝えることが大切

相続では、財産を渡せる人は**配偶者**、**直系の親族**、**兄弟姉妹**に限られます。それ以外の人に渡したい場合は、**遺言書**を書き、自分の財産を、誰に、どれだけ遺すのかを明確に意思表示しなければなりません。

遺産分割では、その遺言書が最も優先されます（遺言書についてはPART3で解説します）。しかし、関係者全員が合意すれば、それに反した分割もできます。つまり相続での遺産分割は、すべて本人が亡くなったあとでおこなわれるので、**本人の意思どおりになる保証はありません**。

これに対して、**贈与は誰に対してもおこなえます**。また、本人がおこなうので、**「誰に、〇〇を渡したい」といった意思を確実に反映できます**。

◉贈与の基礎控除は、くりかえし利用できる

相続税は贈与税に比べ、非課税となる基礎控除が大きく、税率も低めに設定されています。しかし、**相続は1回きりであり、基礎控除も1度しか使えません**。また、一親等（およびその代襲相続人）以外の人が相続・遺贈（遺言によって財産をゆずること）を受けた場合には、その人の相続税額に税額の2割に相当する額が加算（相続税額の2割加算）されます。

一方、贈与は相続に比べて高い税が課せられるものの、110万円の基礎控除が贈与を受け取る人ごとに適用され、年があらたまるごとに、**その基礎控除をくりかえし利用できます**。また、贈与は親族に限らず誰にでもおこなうことができます。

相続税対策として生前贈与をおこなうなら、まず、**110万円の基礎控除におさまる範囲で毎年贈与していくスタイル（暦年贈与）**を基本にすえて考えていきましょう。

なお、贈与が基礎控除を超えた場合であっても、贈与を受ける人が贈与する人の直系卑属（子どもや孫、ひ孫）で18歳以上ならば、税率構造が緩和された特例税率を適用できます。

また、2024年1月から、相続時精算課税にも110万円の基礎控除が設けられました（⬇解説1-8）。

◉贈与税は贈与を受けた人の総額に対してかかる

暦年贈与は、「1年間の贈与額を基礎控除の枠におさめて、実質的に無税で贈与をくりかえす」というのが基本テクニックです。

そのときに心にとめておきたいのは、贈与税とは、**「贈与を受けた人」が1年間に贈与された総額に対してかかる**という点です。つまり、「贈与した人」が贈った金額に対してかかるものではないということです。

たとえば、父が子に基礎控除ギリギリとなる110万円を贈与したとしましょう。子どもが受けた贈与が1年間に110万円だけならば、問題ありません。しかし同じ年に、母も110万円を贈与したら、どうでしょうか。

父と母はそれぞれ「基礎控除の枠内だから無税になる」という心づもりで贈与しても、ひとりの子がその年に贈与された額は、総額で220万円です。これでは基礎控除を超えます。基礎控除におさまらない110万円には贈与税が課され、その子は納税しなければなりません。

なお、この場合、2024年1月から設けられる相続時精算課税の基礎控除枠110万円を併用すると、220万円まで贈与税は課税されません。

暦年贈与の基本的な考え方を知る

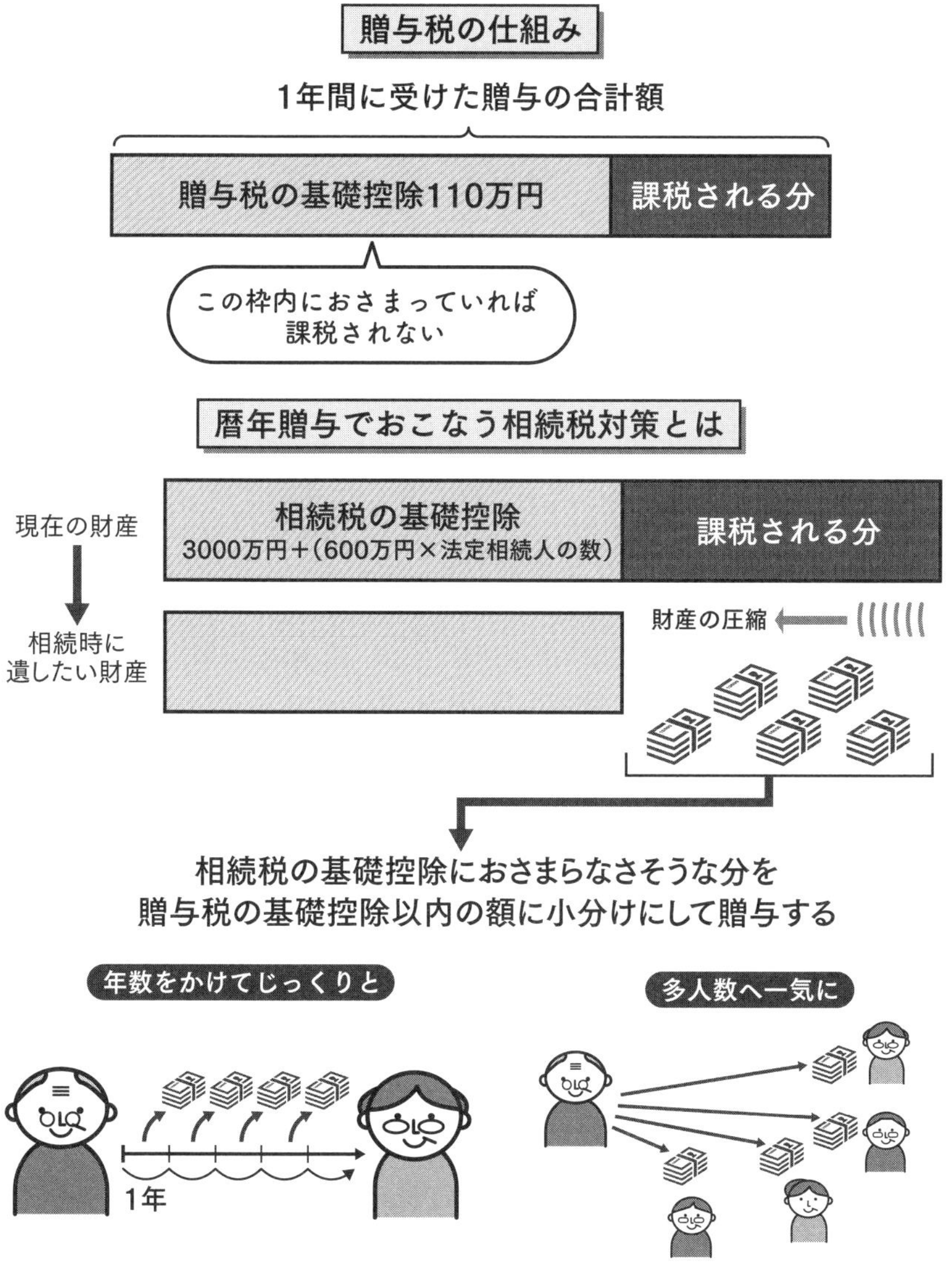
贈与税の仕組み
1年間に受けた贈与の合計額
贈与税の基礎控除110万円
課税される分
この枠内におさまっていれば
課税されない
暦年贈与でおこなう相続税対策とは
現在の財産
相続時に
遺したい財産
相続税の基礎控除
3000万円＋(600万円×法定相続人の数)
課税される分
財産の圧縮
相続税の基礎控除におさまらなさそうな分を
贈与税の基礎控除以内の額に小分けにして贈与する
年数をかけてじっくりと
1年
多人数へ一気に

解説 1-2

暦年贈与では「名義預金」と「連年贈与」に注意する

◉税務署は「見せかけの贈与」をチェックしている

暦年贈与は基礎控除におさまる額で毎年渡していくだけなので、シンプルです。ただし、守るべき重要事項があります。それは、**将来「これは確かに贈与である」と税務署に認めてもらえるようにしておくことです。**

どちらかというと生前贈与は相続税対策でおこなわれることが多いため、税務署は相続時に、「相続税逃れの見せかけの贈与ではなかったか」とチェックを入れてきます。

税務署から「これは贈与ではない」と指摘されたら、贈与を受けていた人は「いえ、確かに贈与です」と証明しなければなりません。ただ、その時点で贈与した人は亡くなっているわけですから、証明は容易なことではありません。その点、贈与する段階であらかじめ税務署対策を講じておけば、そのトラブルを防ぐことができます。

◉「名義預金」と「連年贈与」に注意

相続にあたって特に注意したいのは、**名義預金**《めいぎよきん》と**連年贈与**《れんねんぞうよ》のトラブルです。

名義預金とは、贈与を受けた人が口座の名義人になっていても、実際にその人が通帳を持っていないなど、実質的に管理をしていない状態の預金をいいます。この場合、相続時に「贈与しました」と言っても「贈与」とは認められず、相続財産と認定される可能性が高いです。

対策としては、贈与を受ける人に通帳や印鑑を渡したうえで、その口座のお金を公共料金の引き落としなどに使ってもらうことが考えられます。つまり、**「贈与されたお金を、実質的に贈与を受けた人のお金として保管し、使っています」という証拠をつくっておく**わけです。

一方、連年贈与とは毎年くりかえしおこなわれる贈与のことで、毎年一定の金額を贈与することがあらかじめ決まっていると、「最初の年に『贈与を毎年受ける権利』が贈与された」とみなされます。

たとえば、10年間同じ日に100万円ずつ贈与していた場合、最初の年に計1000万円を受け取る権利を贈与したとみなされ、最初の年の基礎控除110万円を控除した890万円に対して贈与税が課されるというわけです。

対策としては、**贈与の期日や金額を毎回変えること**です。また、**贈与しない年を設ける**のもいいでしょう。渡す人、受ける人の間で、毎回、**贈与契約書**を交わしておけば、特に期日や金額を変える必要はありません。

◉相続直前の贈与に注意

暦年贈与で、特に高齢の方に知っておいてもらいたいのが、「相続開始前の持ち戻し」という税法上のルールです。これは、**相続が発生した時点からさかのぼって一定期間内におこなわれた贈与は、相続財産として扱われる**というものです。

相続や遺贈により財産を取得した人が、その相続手続きが開始される直近3年以内（2024年1月からは7年以内）に贈与を受けた財産がある場合は、その**贈与財産を相続財産に加算**します。この加算した贈与財産について課された贈与税額は、相続税額の計算の際に控除されます。

本来の遺産に、この持ち戻した贈与財産を足し合わせた額を**正味の遺産額**といい、相続税はこれをもとに計算されます。本来の遺産が相続税の基礎控除の枠内でおさまっていても、持ち戻し分を足した額が基礎控除を超えれば、相続税が課されます。そのため、相続税対策に暦年贈与を利用する場合は、**早めに動くことがおすすめ**です。

なお、この「相続開始前3年以内の持ち戻し」という税法上のルールが、**2024年1月1日から「相続開始前7年以内の持ち戻し」**となります。左の図は「7年」として、その内容を説明

＼ 贈与財産の持ち戻しとは？ ／

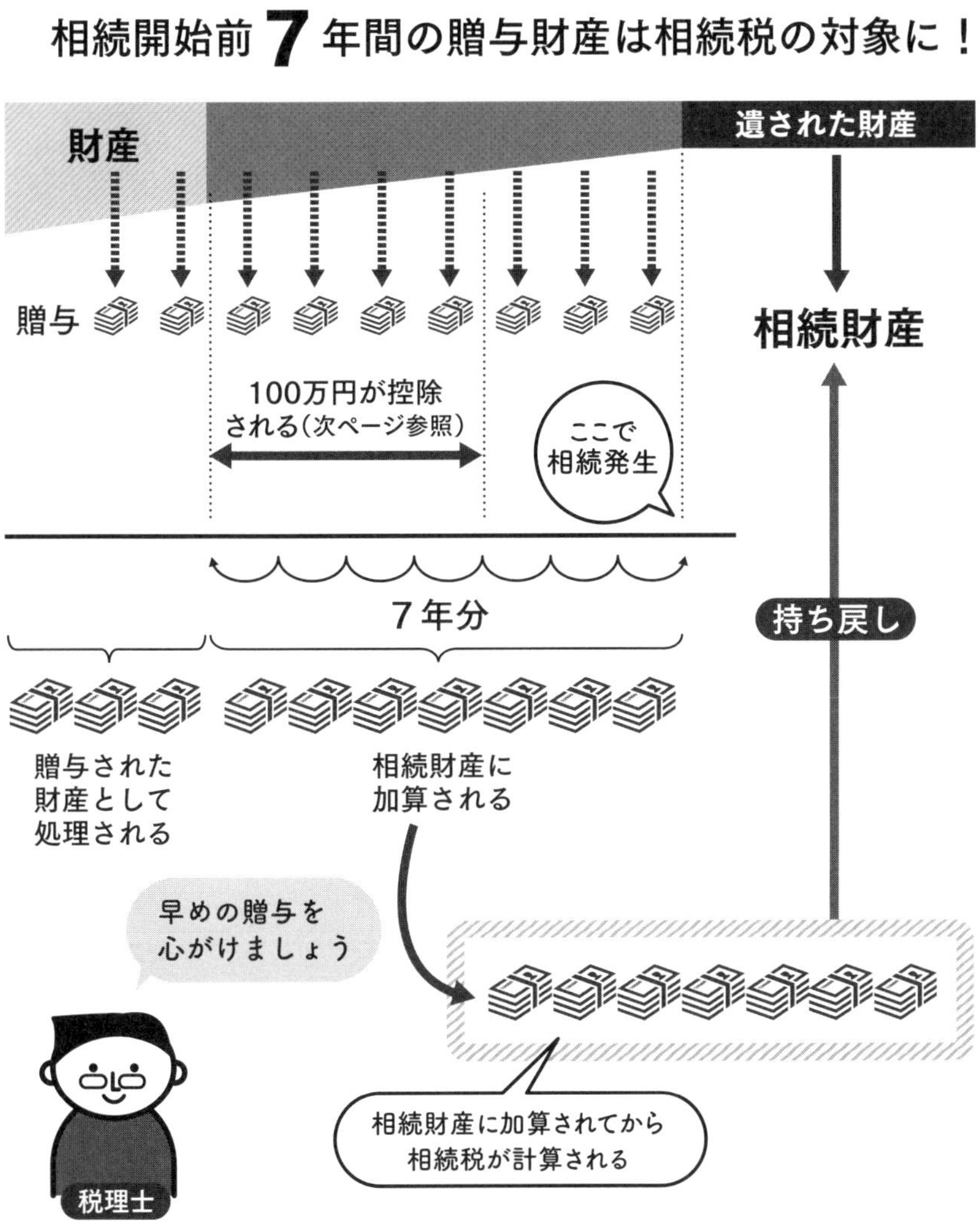
相続開始前7年間の贈与財産は相続税の対象に！
財産
遺された財産
贈与
相続財産
100万円が控除
される（次ページ参照）
ここで
相続発生
7年分
持ち戻し
贈与された
財産として
処理される
相続財産に
加算される
早めの贈与を
心がけましょう
相続財産に加算されてから
相続税が計算される
税理士

しています。

◉相続開始前7年間の持ち戻しには経過措置がある

相続開始前7年間の持ち戻し（加算期間の延長）では、3年から7年へ延長した4年間については、**総額100万円までは相続財産に加算されません。**そして、2024年1月1日以降におこなわれる贈与から加算期間の延長の対象になりますが、実際の相続で改正の影響が出るのは、2024年から3年が経過した日の翌日の2027年1月2日以降に開始される相続からとなります。

また、加算期間が7年となるのは、2024年1月1日から7年が経過した2031年1月1日以降に開始される相続からです。

この、改正の影響が出る2027年1月2日以降に開始される相続から完全移行となる前日の2030年12月31日までに発生する相続については、経過措置期間となり、加算期間が3年超から7年以内になります。

なお、総額100万円までは、相続財産に加算しない期間も2027年1月2日以降に開始される相続から適用されます。

解説 1-3

住宅取得等資金の贈与は子どもや孫を援助しながら節税できる

◉新築だけでなく中古や増改築費用にも適用される

贈与税では、直系尊属（父母や祖父母、曽祖父母など）から直系卑属（子どもや孫、ひ孫など）への贈与に、いくつかの特例を設けています。その1つが、住宅を取得するための資金を贈与した場合の特例です。

子どもや孫、ひ孫が自宅を手に入れるために資金を必要とし、その資金を父母や祖父母、曽祖父母が贈与した場合、一定金額までは非課税になります。**新築住宅の建築や購入だけでなく、中古住宅の購入、現在住んでいる家の増改築のほか、自宅を建てる敷地を取得するケースにも適用されます**（正確には「住宅取得等資金の贈与の特例」といわれる）。

ただし、この特例は、新たに住宅を取得したり、増改築したりするために現金を贈与するケースに限られ、不動産を贈与するケース、購入済みの住宅ローンに充てるお金を贈与するケースは対象外です。**なお、「住宅取得等資金の贈与の特例」は2023年12月31日まで**なので、早めに対応したほうがよいでしょう。

また、**贈与された人がその住宅の名義人となり、実際にそこに住むことも条件**となっています。賃貸や売買に回すと特例が取り消され、通常の贈与税が課税されます。

◉良質の住宅にすれば非課税枠を広げられる

この特例では、良質の住宅（省エネ等住宅）を建築・購入するケースに対して、非課税限度額を手厚く設定しています。**断熱性能が高い、耐震・免震性がある、高齢者へ配慮している**などの要件を満たせば、省エネ等住宅と認められ、非課税限度額の枠を広げることができます。

なお、贈与されたお金を、住宅等を購入した年度末までに使い残した場合、**残額分については贈与税がかかります**。つまり、余分に贈与して、何かのために取っておくことはできないので、期限までにきっちり使いきることを目指します。また、取得後に居住を開始する期限も区切られているので、具体的な購入プランがあり、必要金額がわかってから贈与したほうがいいでしょう。

なお、**この特例で贈与されたお金は、相続時に持ち戻されることはありません**。

＼ 住宅取得等資金の贈与の特例とは？ ／

非課税限度額

贈与日	省エネ等住宅	左記以外の住宅
2022年4月1日 ～ 2023年12月31日	1000万円	500万円

※「省エネ等住宅」とは、次の①～③の省エネ等基準のいずれかに適合する住宅用の家屋であることにつき、住宅性能証明書など一定の書類を贈与税の申告書に添付することにより証明された住宅をいいます。

①断熱等性能等級４以上または一次エネルギー消費量等級４以上であること
②耐震等級（構造躯体の倒壊等防止）２以上または免震建築物であること
③高齢者等配慮対策等級（専用部分）３以上であること

贈与できる資金の範囲

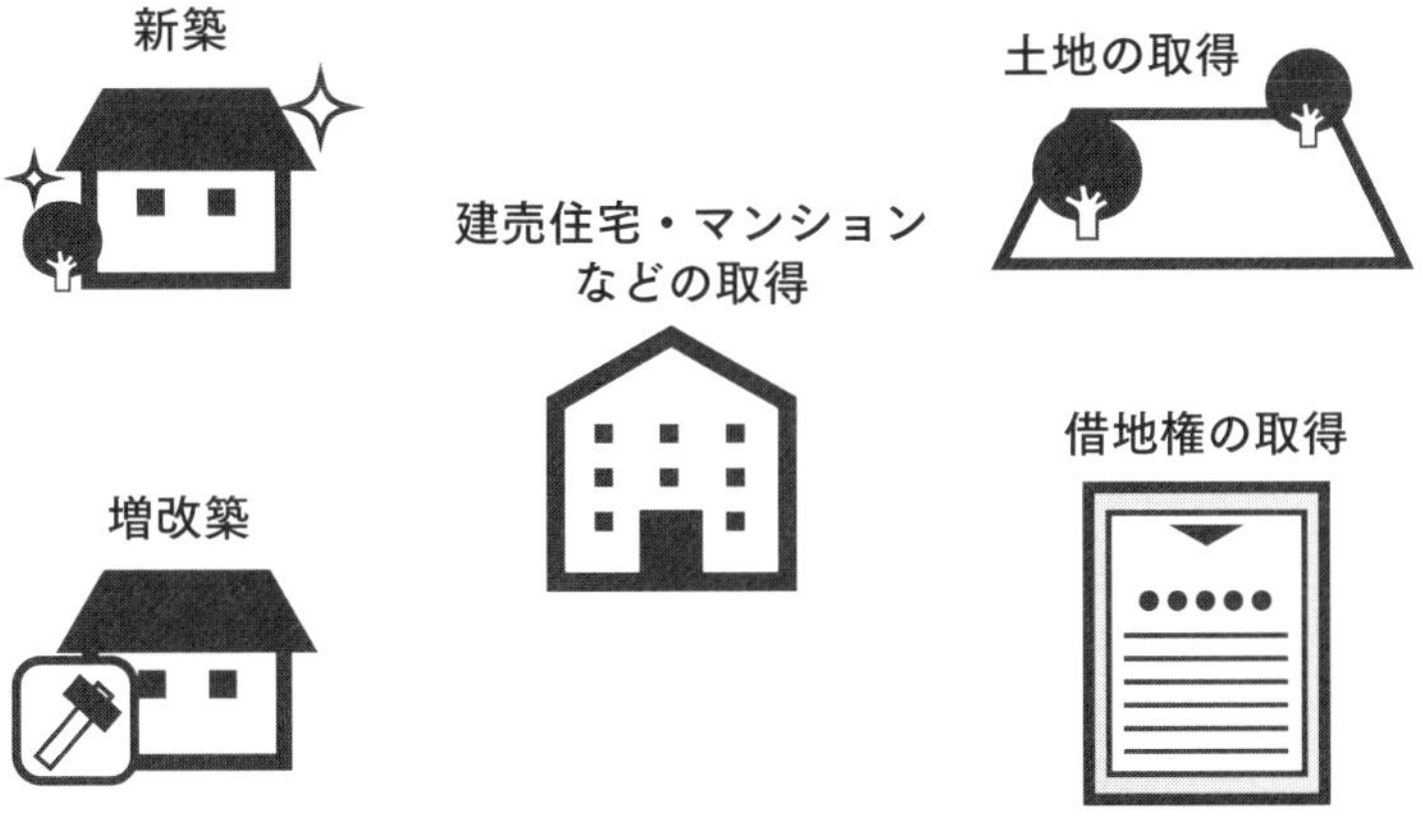

**新築住宅の購入資金だけでなく
中古住宅、増改築にも適用可能**

解説
1-4

教育資金は1500万円まで一括で贈与できる

◉一括で渡せるのがメリット

教育資金の贈与の特例とは、教育資金に充てる現金を子どもや孫が贈与された場合、**1500万円までは課税されない**というものです。特例を使わない場合、親や祖父母から受ける教育費には、税はもともとかかりません。ただし、渡すたびに使う必要があり、**使いきれずに残した分は贈与とみなされます**。つまり、この特例のメリットは、贈与する人にとっては**一括で渡せる**という点、贈与される人には**すぐに使わなくてもいい**という点にあります。特に、贈与する人にとっては、大きなお金を一括で移せますから、相続に回る資産を一気に減らすことができます。

◉30歳になると特例の対象外に

この特例で贈与された教育費には、使用期限があります。

贈与された人が満30歳になった時点で特例の適用は解消され、使いきれなかった分は通常の贈与税の対象になります。その際、残額は「30歳の年にまとめて贈与されたもの」として扱われるので、基礎控除の110万円を超える額が残っていれば贈与税が課されます。

このため、**30歳までに使いきれる額に調整して贈与すること**が大切です。学費や留学費用だけでなく、教育関連の諸費用に使えますが、塾などの費用に充てる場合は500万円が限度です。教育資金は一括で渡せますが、非課税限度額の1500万円までであれば、分けて贈与することもできます。

また、この特例を利用するには**信託契約**を結ぶ必要がありますが、信託契約期間中に贈与した人が亡くなった場合において、相続税の課税価格が5億円を超えるときは、口座に残っているお金は相続等により取得したものとみなされます。

この特例を適用するには、前述のように**贈与された資金を信託財産にし、金融機関の信託口座で管理する**必要があります。贈与する人・受ける人が金融機関と**教育資金管理契約**を結び、金融機関に資金の管理を信託します。多くの場合、税の実務も金融機関に代行してもらえます。

信託した資金は自由には引き出せず、支払後請求（先に支払いを済ませ、領収書と交換で口座から払い出す）と支払前請求（先に払い出し、その後に領収書を提出する）のいずれかの方法をとります。どちらの方法にするかは契約時に決め、以後は変更できません。

なお、この「教育資金の一括贈与の特例」については**2026年3月末まで**となっています。

教育資金の一括贈与の特例の概要

非課税限度額 **1500万円**

注！

30歳になった時点で
贈与したお金が残っていると
贈与税がかかる

限度額内なら何度でも「注ぎ足し」ができる

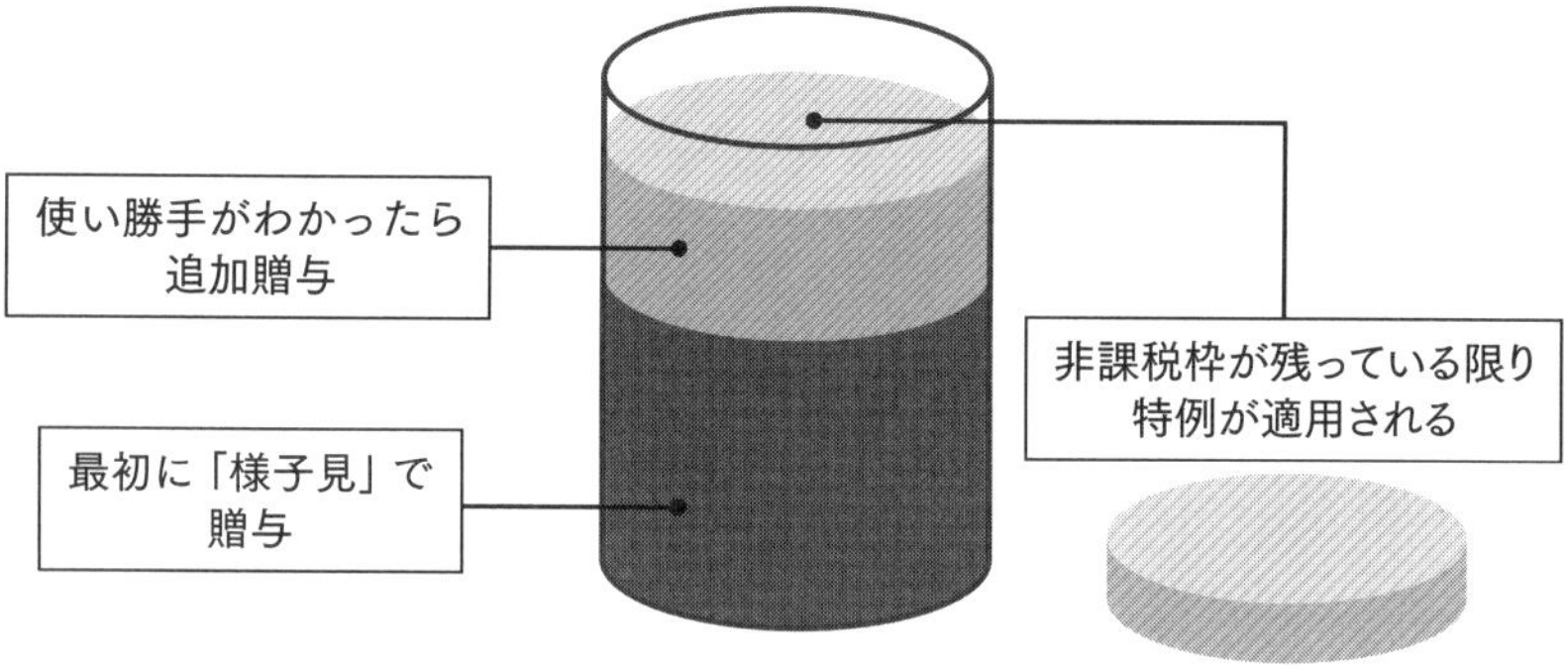
使い勝手がわかったら
追加贈与
最初に「様子見」で
贈与
非課税枠が残っている限り
特例が適用される

適用できる範囲

学校教育に払うお金	その他の教育に払うお金
入学金・授業料 （入園料・保育料も） 検定料（入学試験料） 学用品の購入費 修学旅行費 給食費 手続きの手数料	以下の指導への対価 ・塾 ・家庭教師 ・スポーツ ・芸術文化 ・教養 （習いごとやビジネス講座にも使える） 施設の使用料 教材・機材費 通学定期代 留学渡航費

解説 1-5

最大1000万円贈与できる結婚・子育て資金の贈与

◉新居資金や不妊治療費にも使える

子どもや孫、ひ孫などに結婚や出産、子育ての資金を贈与する場合にも特例があります。

この**結婚・子育てに関する資金の贈与は1000万円までが非課税**です。結婚・出産・子育て資金の対象となるものは次ページの表に挙げていますので、参考にしてください。結婚については新居の準備も対象ですし、子育てについては分娩費や不妊治療費など、出産にかかる費用も対象です。なお、結婚式の費用として使えるのは、300万円までです。

この特例は教育資金の贈与の特例と同じく、適用される期限があり、その期限は**贈与を受けた人が満50歳を迎えるまで**となっています。その時点で残額があれば、贈与税の対象になりますし、金融機関の信託口座で管理する点も、教育資金の特例と同様です。

これらの費用も教育費と同じく、本来は非課税として渡せる種類のものです。つまりこの特例の特徴は、教育資金の贈与の特例と同様、**一括で渡せる点**にあります。

＼ 結婚・子育て資金の一括贈与の特例 ／

非課税限度額 **1000万円**

注！

贈与した人が亡くなると
残額が相続財産に持ち戻される
（受贈者が50歳になると残額に課税）

使い残しがあると
相続税対策に
ならない！

適用できる範囲

結　婚	出産・子育て
結婚式や披露宴 新居準備 新居への引っ越し	妊娠期の通院費 出産のための入院費・分娩費 産後ケア 幼稚園・保育園・ベビーシッター代 生まれた子どもの医療費

◉使い残しに注意

一方で、教育資金の贈与の特例と異なる点もあります。

それは、**信託契約期間中に贈与した人が亡くなると、口座に残っているお金は無条件で「相続・遺贈で受け取ったもの」とされ、**相続財産への持ち戻しの対象になるのです。

ただし、それまでに使っていた分は、持ち戻されません。このように、この特例には、**使い残しが多いと相続税対策にならない**面もあります。教育資金の贈与の特例と同様、使用状況を見て、調整しながら贈与するといいでしょう。

なお、この「結婚・子育て資金の一括贈与の特例」については、**2025年3月末まで**となっています。

解説 1-6

最大2110万円を無税で渡せるおしどり贈与

贈与税の配偶者控除の特例（おしどり贈与）とは、**夫婦間で自宅用の不動産を贈与した場合、2000万円までは控除される**という特例です。これは不動産の現物だけでなく、土地・建物の取得費用を贈与する場合にも適用されます。

なお、同じ配偶者からの贈与について控除が使えるのは、**一生に1度のみ**です。また、暦年贈与と併用できるので、暦年贈与の基礎控除110万円と併せて実質2110万円まで非課税で贈与できます。

◉20年以上連れ添った夫婦限定の特例

特例を受けるためには、**法的に結婚し、20年以上経っていること。贈与を受けた配偶者は、その不動産に引き続き居住する見込みであること、などの要件があります。**

ただ、税制面からいうと、「配偶者に自宅を渡したい」だけならば、相続で渡したほうが有利です。

＼おしどり贈与の概要／

非課税限度額 **2000万円**

注！

配偶者は相続税でも優遇されている
（実質非課税で相続できる）

効果がある
方法を選ぶ

適用できる範囲

現　金	不動産
居住用不動産の取得 今住んでいる借地の購入	家屋と敷地 家屋のみ 店舗兼住宅の持ち分 敷地のみ／敷地の一部

贈与する人や同居している親族が上に建つ家屋の所有権を持っている場合のみ可能

配偶者は相続において優遇され、1億6000万円までは無税となるからです。その額を超えても、法定相続分（1／2）以内の額なら相続税はかかりません。つまり、相続であれば、不動産などの大きな財産も、ほぼ無税で配偶者に渡せます。

また、不動産を取得した場合にかかる登録免許税は、相続で取得したほうが税率は低くなっています。

この特例を利用するメリットの1つは**自宅を生前に、しかも確実に配偶者のものにできること**です。遺言書だけでは不安な人は、この特例を用いるといいでしょう。

もう1つは、**相続時の持ち戻しから除外される**ことです。

これは、相続直前であっても財産を圧縮できますから、**自宅を贈与すれば、基礎控除の枠内におさまる**などのケースで有効です。

解説 1-7

配偶者居住権の活用が節税につながるケースもある

◉配偶者居住権を取得できる2つの要件

配偶者居住権は2018年の民法改正において創設され、2020年4月1日から施行されている制度です。遺産分割が終わるまで亡くなった人の配偶者がそれまで一緒に住んでいた家に無償で住める**配偶者短期居住権**と、遺贈や遺産分割によって住み続けられる**配偶者居住権**の2つに区分されます。配偶者居住権を取得するには、

①亡くなった人の配偶者が、相続が発生したときに、亡くなった人の家に住んでいたこと
②遺産分割や遺贈によって配偶者居住権を取得すること

という2つの要件があります。

では、配偶者居住権を活用して節税につながるケースをシミュレーションしてみます。84ペー

ジの表は配偶者と子どもが同居している場合で、85ページの表は配偶者と子どもが別居している場合です。

◉配偶者と子どもが同居している場合

Aは子どもが家と土地を取得したケースで、Bは配偶者が家と土地を取得したケースです。

Aのケースの一次相続では、子どもが家と土地を相続するので、配偶者が**配偶者居住権**と**敷地利用権（土地にかかる敷地を利用する権利）**を取得し、敷地利用権は小規模宅地等の特例**⬇解説2-6**の適用の対象となり80％減額されます。

Bのケースの一次相続では、配偶者が家と土地を相続するので配偶者居住権は生じません。土地については小規模宅地等の特例の適用対象となります。

一次相続での家と土地の評価は、ケースA、ケースBともに3000万円と同額ですが、二次相続ではAのケースは配偶者居住権と土地にかかる敷地利用権は消滅します。子どもがすでに一次相続で家と土地を取得しているので相続財産の対象となりません。配偶者と子どもが同居している場合は、一次相続と二次相続トータルで比較すると、**一次相続で配偶者居住権を設定したほうが有利**になります。

◉配偶者と子どもが別居している場合

次にCは子どもが家と土地を取得したケースで、Dは配偶者が家と土地を取得したケースです。

ケースCの一次相続では、子どもが家と土地を相続するので、配偶者は**配偶者居住権**と**敷地利用権**を取得します。配偶者は敷地利用権について小規模宅地等の特例を適用できますが、別居している子どもはその特例の適用はできません。

ケースDの一次相続では、配偶者が家と土地を相続するので、小規模宅地等の特例が適用できます。

一次相続での家と土地の評価は、ケースCでは5804万円、ケースDでは3000万円です。配偶者の税額軽減（197ページ）の計算をおこなってもCのほうが負担は大きくなります。ところがケースCでは、二次相続では配偶者居住権と土地にかかる敷地利用権は消滅します。配偶者と子どもが別居している場合でも、トータルで比較すると、**一次相続で配偶者居住権を設定したほうが有利**です。

なお、具体的なシミュレーションは税理士に依頼するとよいでしょう。

＼ 配偶者と子が同居している場合 ／

（万円未満四捨五入）

		A 子が居住用不動産を取得			B 配偶者が居住用不動産を取得		
		自分の相続（一次相続）		配偶者の相続（二次相続）	自分の相続（一次相続）		配偶者の相続（二次相続）
		配偶者	子（同居）	子（同居）	配偶者	子（同居）	子（同居）
建物	配偶者居住権	1330万円	0	0	0	0	0
	居住用建物	0	670万円	0	2000万円	0	2000万円
土地	敷地利用権	1495万円	0	0	0	0	0
	居住用敷地	0	3505万円	0	5000万円	0	5000万円
小規模宅地等の特例		▲1196万円	▲2804万円	0	▲4000万円	0	▲4000万円
土地建物計		1629万円	1371万円	0	3000万円	0	3000万円

※土地建物以外の財産は記載を省略しています。

ケースA	一次相続	子が居住用不動産を取得、配偶者が配偶者居住権を取得（両者とも小規模宅地等の特例を適用）
	二次相続	土地建物の相続なし
ケースB	一次相続	配偶者が居住用不動産を取得（小規模宅地等の特例を適用）
	二次相続	子が配偶者から土地建物を相続（小規模宅地等の特例を適用）

＼ 配偶者と子が別居している場合 ／

（万円未満四捨五入）

		C 子が居住用不動産を取得			D 配偶者が居住用不動産を取得		
		自分の相続（一次相続）		配偶者の相続（二次相続）	自分の相続（一次相続）		配偶者の相続（二次相続）
		配偶者	子（別居）	子（別居）	配偶者	子（別居）	子（別居）
建物	配偶者居住権	1330万円	0	0	0	0	0
	居住用建物	0	670万円	0	2000万円	0	2000万円
土地	敷地利用権	1495万円	0	0	0	0	0
	居住用敷地	0	3505万円	0	5000万円	0	5000万円
小規模宅地等の特例		▲1196万円	0	0	▲4000万円	0	0
土地建物計		1629万円	4175万円	0	3000万円	0	7000万円

※土地建物以外の財産は記載を省略しています。

ケースC	一次相続	子が居住用不動産を取得、配偶者が配偶者居住権を取得（配偶者のみ小規模宅地等の特例を適用）
	二次相続	土地建物の相続なし
ケースD	一次相続	配偶者が居住用不動産を取得（小規模宅地等の特例を適用）
	二次相続	子が配偶者から土地建物を相続（小規模宅地等の特例の適用なし）

解説
1-8

使い方によっては大きなメリットを生む相続時精算課税制度

◉生前に相続財産をもらう

贈与でよく紹介される**相続時精算課税制度**は、贈与財産が2500万円になるまで贈与税がかかりませんが、実質的には**相続財産を先渡しする制度**と考えるとよいでしょう。

贈与を受ける人（子ども）が将来の被相続人（親の1人）を名指しして、贈与税の申告書に「相続時精算課税選択届出書」（この人からの贈与については相続時精算課税にする旨の届出）などを添付して申告すると、以後その親から贈与を受けた分は相続税の対象となり、課税されるのは相続が発生してからになります。つまり、贈与を受ける人の親が亡くなるまで、税の精算が先延ばしされるのです。

非課税枠の2500万円を超えて贈与した場合、超えた分には一律20％の贈与税がかかります。なお、このとき納めた贈与税額は相続税の申告の際に精算され、納めるべき相続税額より過剰に納めていれば、還付されます。

＼ 相続時精算課税制度は相続財産の前渡し？ ／

非課税で渡せる限度額 **2500万円** ＋ 年間110万円（2024年1月から）

税金がかからないわけではない

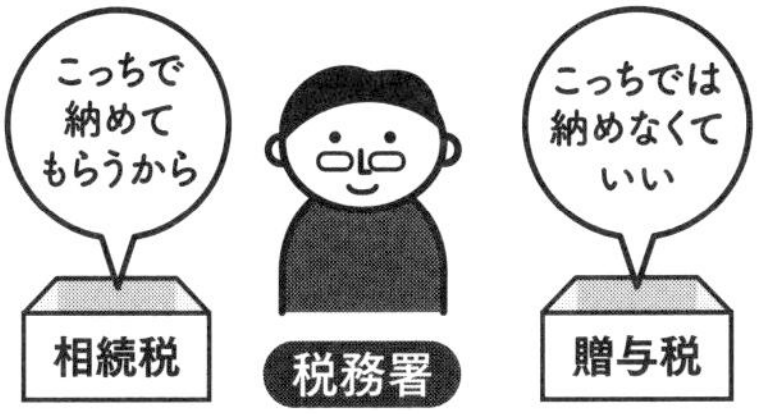

→ **税の名目が変わるだけ**

暦年課税の贈与の非課税枠が使えない

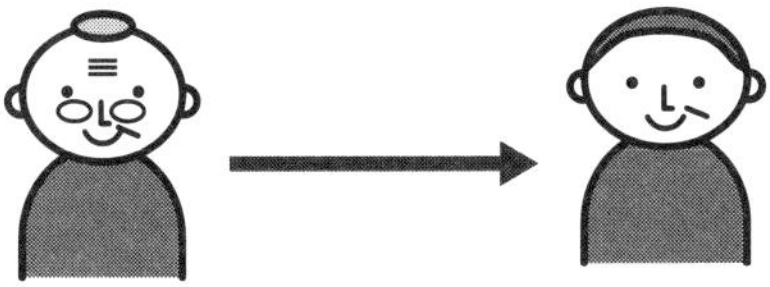

→ **相続時精算課税選択後、贈与する全額（2024年1月から年間110万円を控除した額）が、相続財産に加算される※**

※贈与の特例は除く

有効に活用するには

相続税がかからない場合

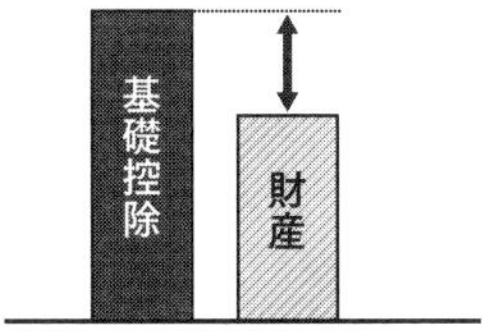

基礎控除内など

収益を生む財産を切り離したい

賃貸アパートなど

将来値上がりが必至の財産を切り離したい

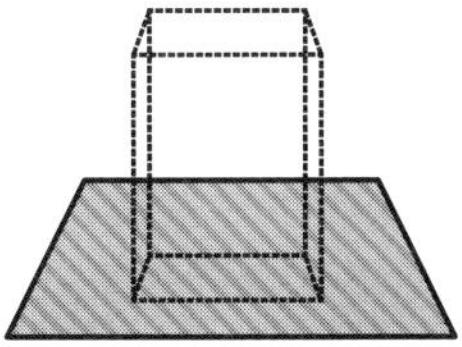

開発の予想される土地など

注意しなければならないのは、この制度を選ぶと、その親からの財産については、**暦年課税での贈与ができなくなる**、つまり、2023年中は基礎控除の110万円の枠が使えなくなるという点です。この点については**2024年1月1日以降の贈与から、相続時精算課税制度を選択した場合も、暦年課税の基礎控除とは別に110万円の基礎控除を使うことができます。**

なお、他の人からの贈与、たとえばもう1人の親からの暦年贈与については、これまでどおり110万円の基礎控除が使えます。

90〜91ページで「生前贈与の7年間の持ち戻し」があった場合の、相続時精算課税と暦年課税の関係を示します。

◉特例の4つの有効利用法

相続時に相続財産として精算されるのであれば、「メリットがあるように思えない」という人も多いかもしれません。そこで、この相続時精算課税制度が節税効果を発揮する4つのケースを紹介しておきましょう。

1つめは、**財産が少なく相続税がかからないケース**です。

そもそも財産が少なければ相続税が課税されないわけですから、将来の税負担を考える必要はありません。2500万円以内の資産であれば、相続開始を待たずに財産を移転することができます。

2つめは、**収益を生み続ける資産を持っているケース**です。

収益を生む資産といえば、賃貸不動産（収益物件）などです。収益物件は、毎月家賃収入など一定の収入を生みます。つまり、賃貸経営が順調に進んでいる場合は、収益物件を持ち続けると資産はどんどん増えていくことになります。

その収益物件を、相続時精算課税制度を使って一括で渡しておけば、譲渡後、その物件から生まれる収益は渡された人のものになります。つまり、相続に回る財産をこれ以上増やさないようにできるわけです。

3つめは、**これから値上がりする資産を持っているケース**です。

相続時精算課税制度では、贈与した時点の価額で相続税が計算されます。たとえば土地が値上がりするなどで、相続まで持っていると税負担が増えるケースでは、相続時精算課税制度を利用して早いうちに財産を渡しておけば、相続時に値上がりしても、贈与時の安い価額で相続税を計算してもらうことができます。

4つめは、**110万円の基礎控除を利用するケース**です。

暦年課税で適用される持ち戻しをおこなう必要がないため、同じ金額を贈与するなら相続時精算課税のほうが大きな節税効果があります。

相続時精算課税

※暦年課税との選択制

２０２３年１２月まで

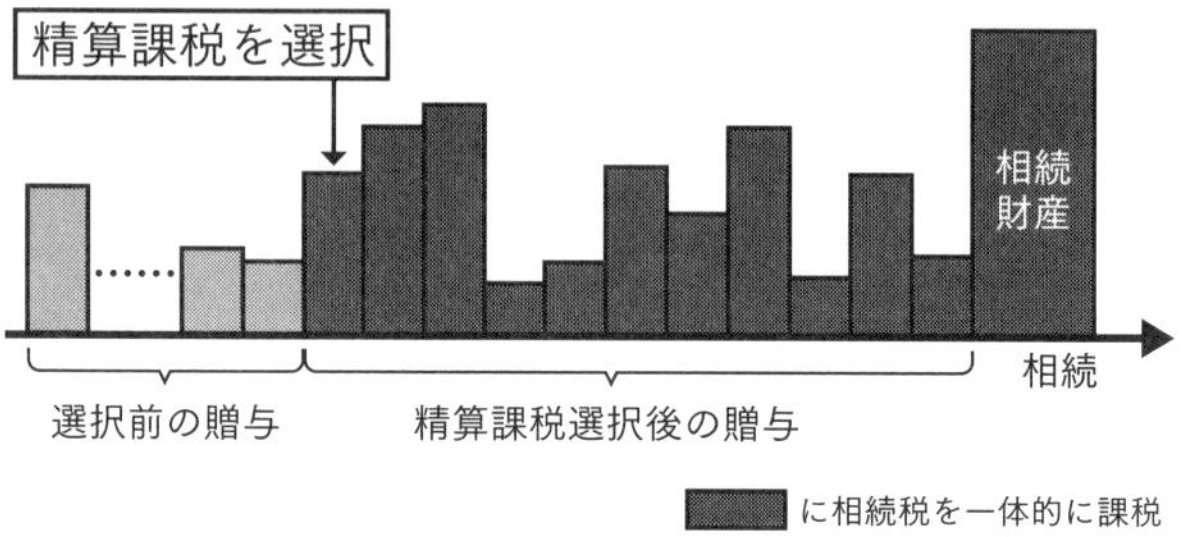

○贈与時に、軽減・簡素化された贈与税を納付

（累計贈与額 2500 万円までは非課税、2500 万円を超えた部分に一律 20%課税）

※暦年課税のような基礎控除はなし　※財産の評価は贈与時点での時価で固定

○相続税には、累積贈与額を相続財産に加算して相続税を課税

（納付済みの贈与税は税額控除・還付）

２０２４年１月から

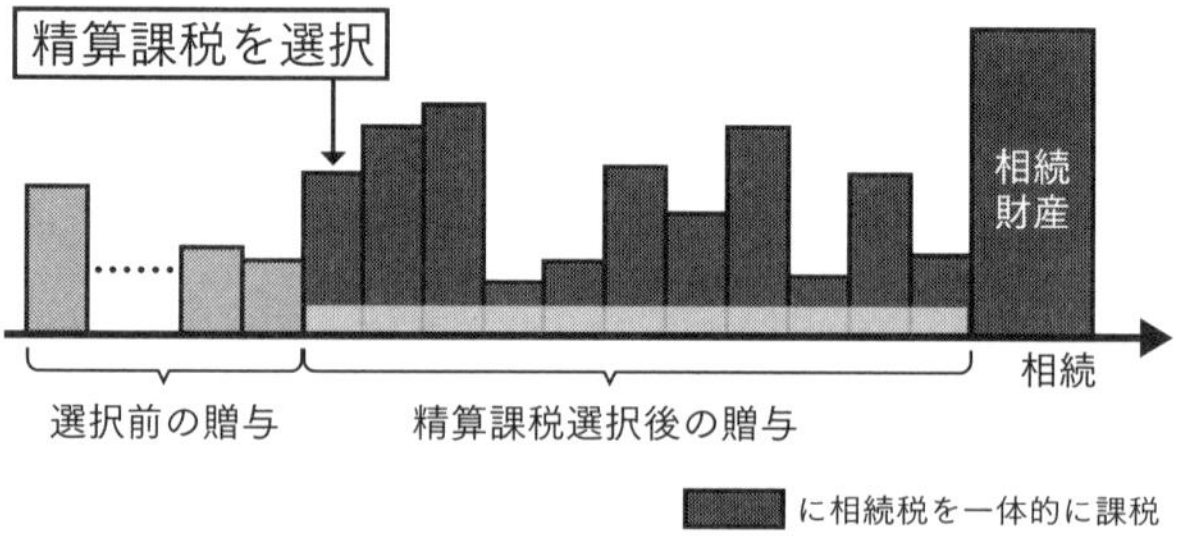

○毎年 110 万円まで課税しない（暦年課税の基礎控除とは別途措置）

○土地・建物が災害で一定以上の被害を受けた場合は相続時に再計算

＼ 相続時精算課税と暦年課税の関係 ／

暦年課税

２０２３年１２月まで

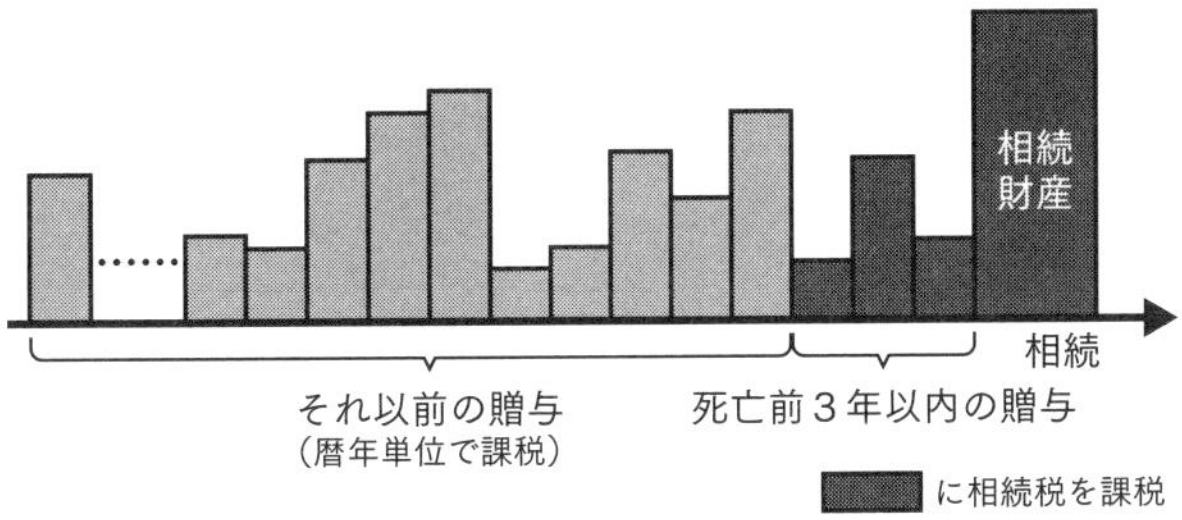

○暦年ごとに贈与額に対し累進税率を適用。基礎控除110万円

○ただし、相続時には死亡前３年以内の贈与額を相続財産に加算して相続税を課税（納付済みの贈与税は税額控除）

２０２４年１月から

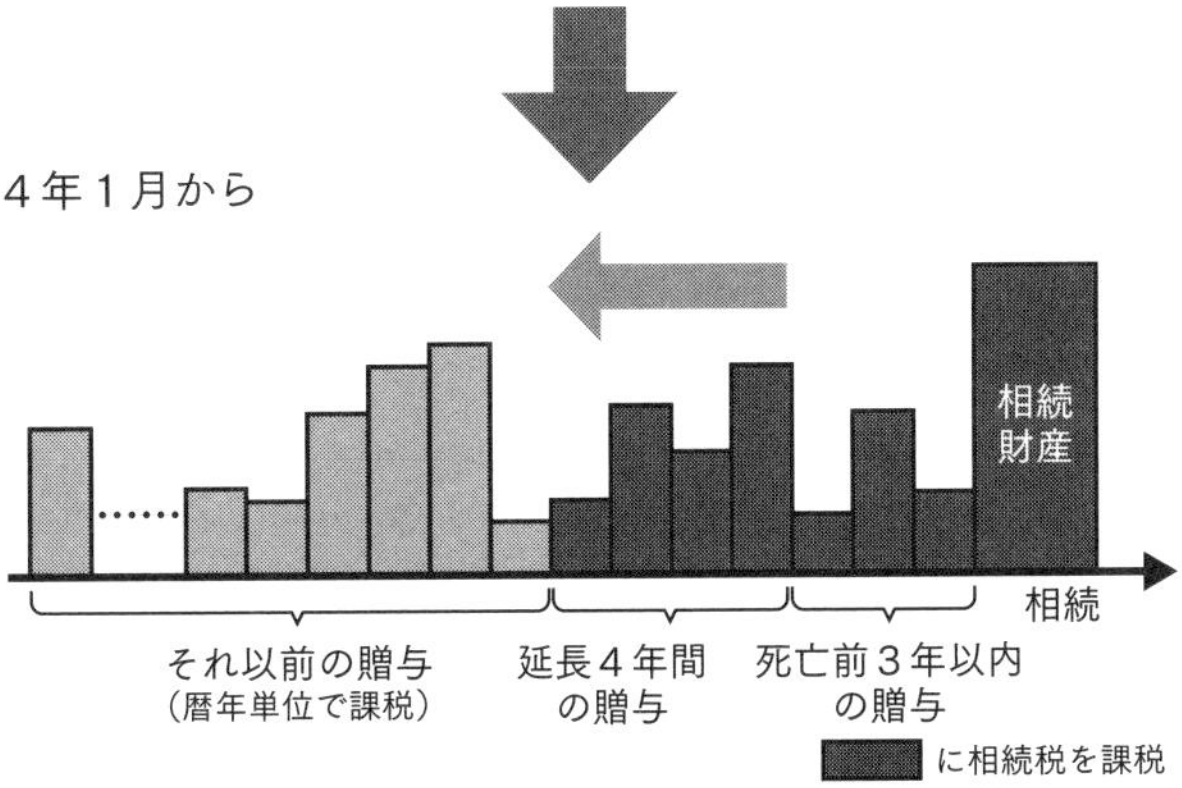

○加算期間を７年間に延長

○延長４年間に受けた贈与については、総額100万円までは相続財産に加算しない

解説 1-9

相続税がかからないように現預金を減らしておく

生前にできる相続税対策としては、贈与のほかに、**お金を使って財産を減らす**方法もあります。「そんなの当たり前では？」と思うかもしれませんが、現金を使いながら財産を減らしておく方法を知っておいて損はないでしょう。

◉生前墓を買って現金を減らす

相続税は換金できるすべての財産が課税対象になるので、換金可能なものに換えても効果はありません。

しかし、税法上、相続税がかからない財産もあります。つまり、現金をそれらに換えることで、相続に回る財産から切り離すことができるのです。

代表的なものでは、**お墓や仏壇**などです。これらを生前に買えば相続税がかからず、また比較的大きな買い物となるので効果的です。

＼相続税がかからない財産／

相続財産に加算されない ＝ **相続税がかからない**

○墓地や墓石、仏壇、仏具、神を祭る道具など日常礼拝をしているもの ※投資対象のもの、売買目的のものは適用外
○公益を目的とする事業へ遺贈されたもの
○心身障害者共済制度の給付金を受ける権利
○生命保険金の一部（500 万円×法定相続人の数）
○死亡退職手当金の一部（500 万円×法定相続人の数）
○個人経営の幼稚園に使われていた財産 ※相続人のいずれかが引き続き経営することが条件
○国・地方公共団体・公益事業をおこなう特定の法人に寄附したもの ※ふるさと納税の対象にもなる
○特定の公益信託へ信託した財産

自身のお墓を死後に遺族が取得する場合、葬式費用は相続財産から控除できますが、墓地の取得費用などはこれに含まない決まりになっています。

生前墓は縁起が悪いと考える人もいるかもしれませんが、最終的に残された人たちが墓を用意すると負担になるなら、相続税対策として考慮しておいてもいいのではないでしょうか。

なお、**仏像・神像などの礼拝物、仏具などの宗教具**にも、原則として相続税がかかりません。

しかし、骨董的価値が高いものを新たに購入した場合や、純金製など換金性の高いものである場合などは投資目的とみなされ、課税されることがあります。

解説 1-10

相続人以外への贈与で効果的な節税を

相続税の生前贈与加算は、相続または遺言によって財産をゆずる**遺贈《いぞう》**によって財産を取得した人に限られます。そのため、**相続または遺贈により財産を取得しない人に生前贈与した場合は、生前贈与加算の対象にはなりません。**

◉子どもの配偶者、孫への贈与は生前贈与加算の対象にならない

たとえば事例6（50ページ）の長女の夫、次女の夫、また孫に対する贈与は、相続または遺贈によらない限り、生前贈与加算の対象ではありません。

ただし**生命保険金など、みなし相続財産の受取人になる場合は、加算対象になる**ので注意しましょう。生前贈与加算の対象には遺贈も含むので、遺言書に「○○に遺贈する」などとは書かないようにしておくことも大切です。

また、孫よりその親（事例6では長女または次女）が先に亡くなった場合、孫は法定相続人（代

襲相続人）になるため、生前贈与加算の対象となります。

次ページの表は、毎年500万円の生前贈与をおこない3年目に相続が開始した場合、相続人である子どもに贈与をおこなったときと、相続人ではない孫への贈与をおこなったときを比較したものです。各事例とも、相続財産が3億円で相続人が子ども2人（相続税の基礎控除額4200万円）であることを前提として、それぞれ計算をおこなっています。

①子ども1人に生前贈与した場合に比べ、②相続人ではない孫1人に生前贈与をした場合は454万円の節税になり、③孫2人に分散して贈与した場合は516万円の節税になります。

＼ 相続人以外への生前贈与の効果 ／

	① 子1人に 贈与した場合 	② 孫1人に 贈与した場合 	③ 孫2人に 贈与した場合 
贈与税 （1年目）	48.5万円	48.5万円	28万円
贈与税 （2年目）	48.5万円	48.5万円	28万円
贈与税 （相続開始年）	0円	48.5万円	28万円
生前贈与加算後の 課税価格	3億円	2億8500万円	2億8500万円
相続税額と 贈与税額の合計額	**6920万円**	**6466万円**	**6404万円**

相続税額	**6920万円**	**6320万円**	**6320万円**
贈与税額		**145.5万円**	**84万円**

・③のケースは孫1人につき年250万円を贈与したとして計算しています。
・贈与税の計算は特例税率（226ページ参照）にもとづいて計算しています。
・子ども1人に贈与した場合、贈与税額は相続税額から控除されます。

解説 1-11

生命保険の非課税枠を利用する

生命保険で支払われる**死亡保険金**は、故人の家族の生活を守るお金なので、税の優遇措置がとられています。具体的には、**死亡保険金のうち、500万円に相続人の数をかけた金額が、そもそも「相続税がかからない財産」として扱われます。**

相続財産を計算する際、死亡保険金はこれを控除してから加算されます。

◉死亡保険金で非課税枠が増え、渡す相手を指定できる

たとえば、3人の相続人がいる場合を考えてみましょう。

現金を1500万円残して相続を迎えれば、相続財産にそのまま加えられます。

しかし、1500万円の生命保険に入って相続を迎えると、相続税がかからない財産として1500万円、つまり全額が控除されるので、相続財産を圧縮できます。

ただ、保険金が控除額を超えたら、超えた分は相続財産に加えられます。現金を相続すること

＼ 生命保険と贈与の活用 ／

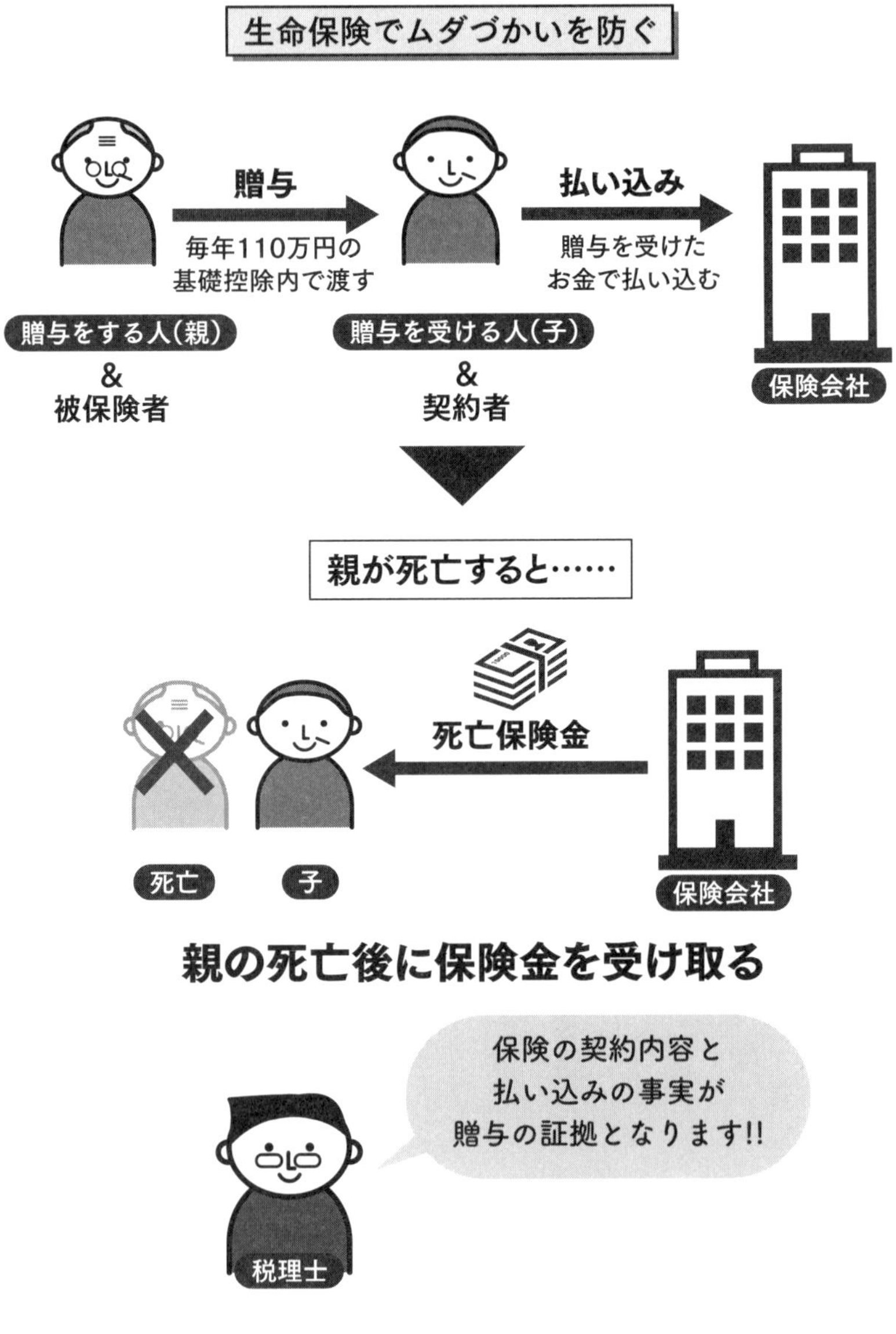
生命保険でムダづかいを防ぐ
贈与
毎年110万円の
基礎控除内で渡す
払い込み
贈与を受けた
お金で払い込む
贈与をする人（親）
&
被保険者
贈与を受ける人（子）
&
契約者
保険会社
親が死亡すると……
死亡保険金
死亡
子
保険会社
親の死亡後に保険金を受け取る
保険の契約内容と
払い込みの事実が
贈与の証拠となります!!
税理士

と同じになるので注意が必要です。

また、生命保険の死亡保険金には別のメリットもあります。それは、**受取人を指定できる**という点です。

死亡保険金は遺産分割の対象にならず、契約の受取人に必ず渡ります。このため生命保険は、遺言書以外で唯一〝色をつけておける財産〟といわれています。

遺言書で資産の行き先を決めておいても、手続きには時間がかかります。生命保険ならば、保険会社がすぐ対応してくれて、すみやかに受取人に渡るというメリットもあります。

◉贈与のムダづかい対策に

生命保険は契約の際に、契約者、被保険者、受取人をそれぞれ別の人に設定できます。これを利用することで、さまざまなスタイルの贈与が可能となります。

贈与者本人が被保険者兼契約者となり、受取人を将来の相続人とするものは、**死亡保険金の非課税枠が利用できます**。

これに対し、もう少し複雑なのが、受取人が契約者を兼ねる形態です。契約上は契約者が保険料を支払うわけですが、事例8（58〜61ページ）のようにこれを贈与というかたちで間接的に被保険者自身が負担します。暦年贈与を実施しながら、贈与したお金の使い道をコントロールして、

＼ 生命保険を受け取った場合の課税関係 ／

被保険者	契約者 （保険料の負担者）	保険金の受取人	課税関係
本人 （亡くなった人）	本人 （亡くなった人）	子ども	①相続税 （みなし相続財産）
本人 （亡くなった人）	子ども	子ども	②所得税 （一時所得）
本人 （亡くなった人）	配偶者	子ども	③贈与税
子ども	本人 （亡くなった人）	本人 （亡くなった人）	④相続税 （本来の相続財産）

※死亡保険金の非課税枠が使えるのは①の場合です。

ムダづかいを防ぎ、最終的にはまとまったお金として渡せるのです。

ここで注意しておきたいのは、契約者、つまり**「保険料を納めていた人」の違いによって保険金にかかる税が変わること**です。

契約者が被保険者であれば相続税の対象になり、契約者が受取人であれば所得税の対象になります。また、契約者と受取人が異なる場合は、贈与税の課税対象になります。

先述のように、契約者＝被保険者の保険金には相続時に非課税枠が設けられていますが、残念ながら、**受取人が法定相続人でないと、この非課税枠は適用できません。**

なお、生命保険を受け取った場合の課税関係については、上の表のようになります。

解説 1-12

低解約返戻金型の生命保険を活用して節税する

節税対策として、一定期間の解約払戻金が低く抑えられている**低解約返戻金《ていかいやくへんれいきん》型の生命保険**を活用して節税をはかる方法もあります。

低解約返戻金型の生命保険で節税する場合、**保険料の負担者と保険金の受取人は自分自身とし、被保険者を自身以外（子どもなど）**とします。

すると、自分自身が亡くなったときに、生命保険契約に関する権利として、亡くなった時点での解約返戻金の額が相続税評価額となります。

この**解約返戻金の額を引き下げることができれば、相続税の課税対象額を引き下げることができる**わけです。

◉保険料払込期間中はメリットがある

低解約返戻金型の終身保険は、保険料払込期間中の解約返戻金を、一般の終身保険に比べて低

＼ 低解約返戻金のイメージ ／

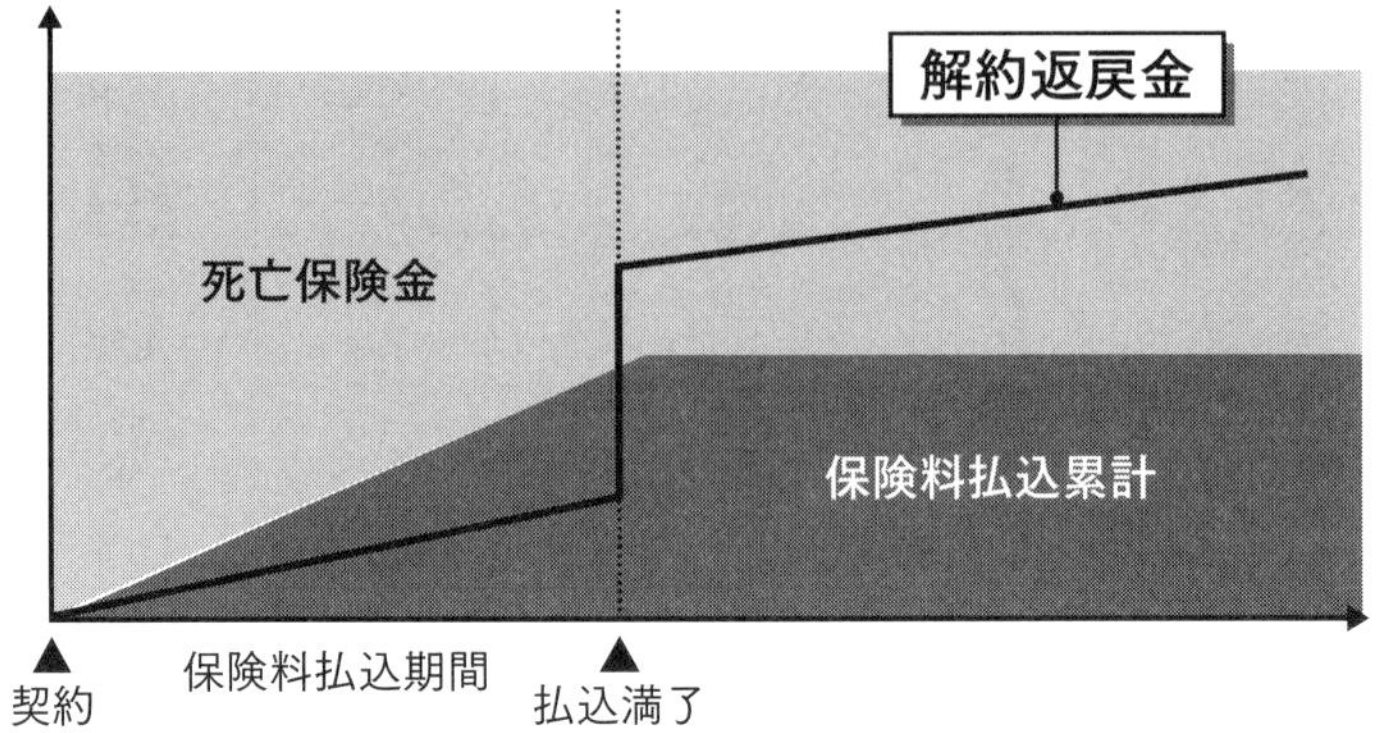

○保険料負担者、保険料の受取人は本人（親）

○被保険者は本人以外（子）

○保険料払込期間中に本人が亡くなった場合、解約返戻金が低く抑えられる

○保険料払込期間をすぎると、解約返戻金が払込保険料を超える

く抑えた商品であるため、保険料払込期間中に自分自身が亡くなった場合には相続税評価額を一般の終身保険に比べて低く抑えることができます。このため、生命保険の非課税枠をすでに限度額まで使用している場合や、自分でも余命がそれほど長くはないと感じられるケースで活用するケースが多いです。

なお、自分自身が高齢であっても、子どもなど相続人を被保険者としていることで、保険契約を結びやすいメリットもあります。

一方、保険料の払込期間をすぎると、解約返戻金が払込保険料を超えることには注意しましょう。

また、相続開始時には、解約返戻金相当額が亡くなった人自身の相続財産になるため、500万円の非課税枠は使えないことにも注意しておきたいものです。

解説 1-13

子どもに贈与したお金をＮＩＳＡで有効活用してもらう

贈与したお金の活用方法の1つに、**ＮＩＳＡ**を使う方法があります。ＮＩＳＡでは口座を開設した年の1月1日現在、18歳以上の人を対象に、２０２３年までの間に非課税口座（ＮＩＳＡ口座）で取得した上場株式等について、配当のほか、株式の売却などで生じた利益が非課税になります。

この制度が資産所得の倍増などの観点から抜本的に拡充され、２０２４年以降、**新しいＮＩＳＡ**として次ページの表のようになります。

◉贈与税の基礎控除額内で投資を援助する

贈与資金を有効に使う方法は、**相続人である子どもにＮＩＳＡの口座を開設してもらい、贈与税の非課税枠の範囲内で投資の資金援助をおこなう**という方法です。こうすると、子どもが投資によって得た配当金や分配金、譲渡益は非課税になるので、税負担はなくなります。何より、「子どもたちがお金を何に使うかわからない」という不安も解消されます。

＼ 2024年1月1日以降の新しいNISA制度 ／

	つみたて投資枠	成長投資枠
年間投資枠	120万円	240万円
非課税保有期間	無期限化	無期限化
非課税保有限度額（総枠）	1800万円（簿価残高方式で管理）	1200万円（内数として）
口座開設期間	恒久化	恒久化
投資対象商品	長期の積立・分散投資に適した一定の投資信託	上場株式・投資信託等
対象年齢	18歳以上	18歳以上
2023年末までのNISAの非課税枠	2023年末までに一般NISA、つみたてNISAで投資した商品は、新しいNISA制度の外枠で、2023年末までのNISA制度における非課税枠を適用	

PART 2

不動産が多い人は土地の評価と活用で大きく節税

事例
1

相続にあたり、土地を売るべきか迷う

Iさんは知人の事業に資金を融通していましたが、返済がむずかしくなったと言われ、担保になっていた土地の提供を受けました。ただ、土地をもらったのはいいものの、現在は使わないまま放置しています。

価額は時価で1億円（相続税評価額で8000万円）。このまま持っていても、ゆくゆくは相続財産として相続税の課税対象となってしまいます。「現金に換えてしまえば」とは考えるものの、譲渡益など税金がかかるのも嫌ですし、「現金は節税できない」と耳にしたことがあり、売却に踏みきれずにいます。うまく節税する方法はないでしょうか。

Iさんの家族構成…Iさん／妻／子ども3人
Iさんの資産…自宅（土地家屋）：1億円／新たに所有した土地：8000万円（相続税評価額）／金融資産：1億5000万円　**予想される相続税…**2990万円

＼土地を売却すべきか悩むIさん／

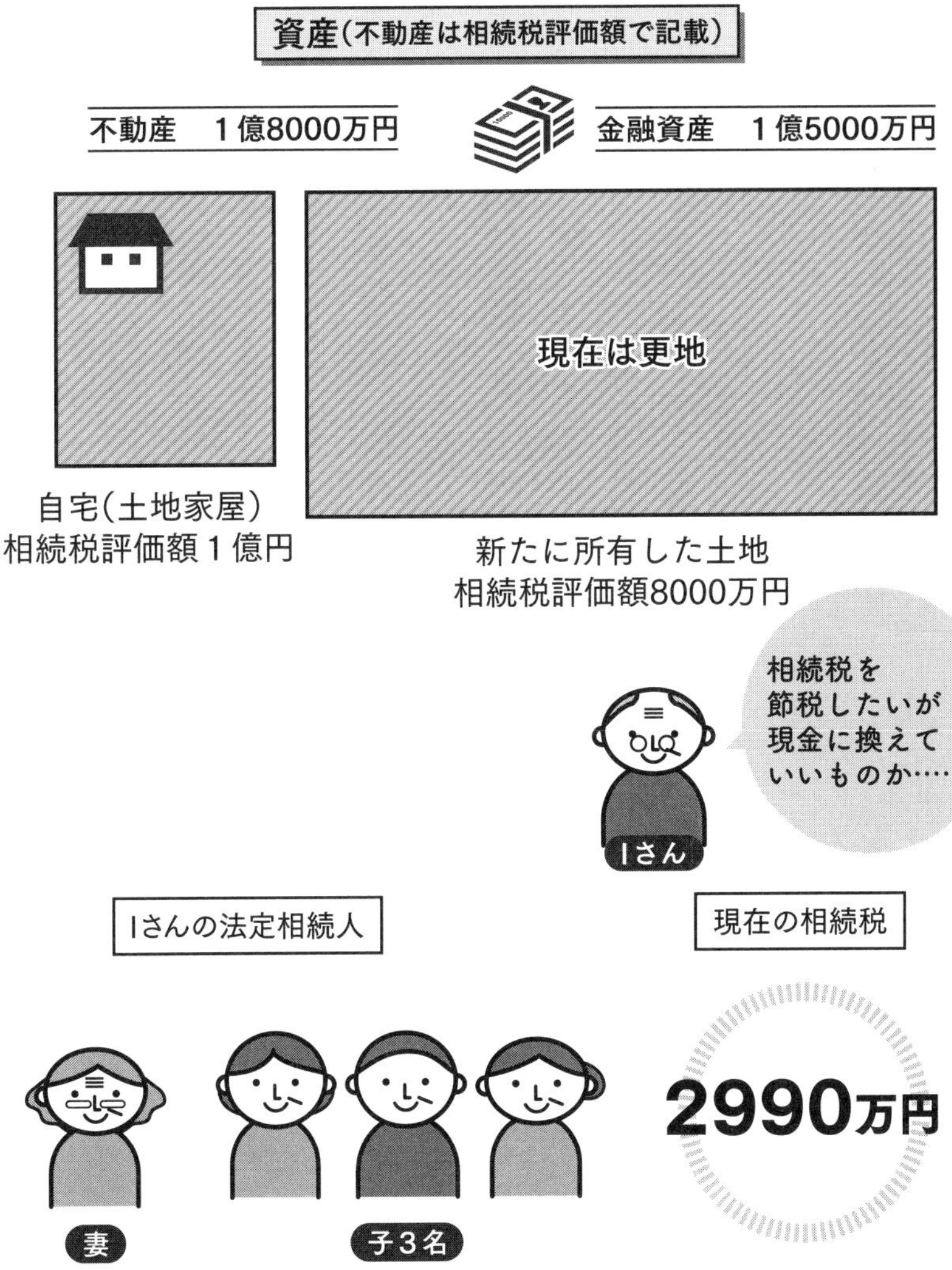

資産（不動産は相続税評価額で記載）
不動産　1億8000万円
金融資産　1億5000万円
現在は更地
自宅（土地家屋）
相続税評価額1億円
新たに所有した土地
相続税評価額8000万円
相続税を節税したいが現金に換えていいものか……
Iさん
Iさんの法定相続人
現在の相続税
妻
子3名
2990万円

解決

賃貸マンションを建てて土地の評価を下げる

Iさんが懸念しているとおり、土地を手放すと相続財産が増えます。

土地は一般的に相続時には、路線（道路）に面する標準的な宅地の1平方メートルあたりの価額による**路線価方式**《ろせんか》で評価され、時価より2〜3割低いケースが多いです ⬇解説2-2・2-3。

この評価をさらに下げるためには、**生前に土地に賃貸マンションを建て、入居してもらうのがおすすめ**です。家賃収入は自身の生活費やおこづかいとして使えばよいでしょう。

土地の評価では、所有者本人が使う**自用地**《じようち》より、貸家が建てられている**貸家建付地**《かしやたてつけち》のほうが低く評価されます ⬇解説2-4。賃貸マンションを建てると、「貸家建付地」として評価額は約2割低くなります。

Iさんの場合、マンション建設資金には、手持ちの1億5000万円を用います。通常、1億5000万円の資金をかけたものはその額か時価で評価されますが、建物は固定資産税評価額で評価され、約4割低くなります。

それを第三者に貸せばさらに3割低くなり ⬇解説2-5 、1億5000万円の現金は、最終的に貸家として6300万円の評価になるのです。

これによりIさんの場合は、相続税評価額は3億3000万円から2億2700万円となり、相続税も2990万円から1521万円に減額することができます。

対策

＼ 賃貸マンションを建て、土地の評価額を下げる ／

①路線価方式での評価額は時価より下がる…………… 2割減額

時価　1億円 → 路線価方式　8000万円

土地の評価には、主に
路線価が使われる

②賃貸物件を建てれば評価額が下がる…………………… 2割減額

自用地　8000万円 → 貸家建付地　6400万円

③現金を建物に換えれば評価額が下がる…………… 4割減額

現金1億5000万円 → 家屋時価1億5000万円 → 固定資産税評価額9000万円

建物の評価には
固定資産税評価額が使われる

④建物を賃貸にすると評価額が下がる…………………… 3割減額

空家9000万円 → 貸家6300万円

相続財産としての価額	節税効果
3億3000万円 ▼ **2億2700万円に圧縮**	2990万円 ▼ **1521万円**

※土地について小規模宅地等の特例を適用できる場合は、土地の評価額を
８割から５割減額することができます ⇒解説 2-6、2-7。

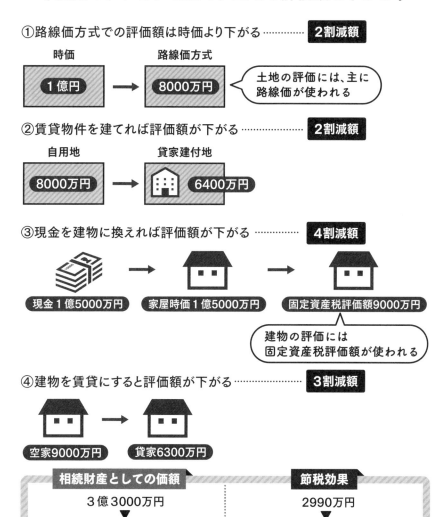

事例
2

土地の売却で増えた現預金を何とかしたい

Ｊさんはある企業に、その会社の社宅用地として土地を貸していました。その企業が工場を拡張することになり、Ｊさんはその土地を売却することになりました。

Ｊさんが得た売却収入は、６０００万円。売却前はその企業の社宅としてその土地を貸し、貸宅地になっていましたが、企業に売却したことで資産としての評価が上がったかたちです。Ｊさんはこの売却収入を、再び不動産に換えたいと思っています。

ただ、子どもが３人いるので、できれば相続時に分けやすいようにしたいとも考えています。６０００万円を不動産に換えて評価を下げ、３人の子どもたちにも分けられる、そんな希望を叶えてくれるようないい相続税対策はないでしょうか。

Ｊさんの家族構成…Ｊさん／妻／子ども３人
Ｊさんの資産…自宅（土地家屋）：５０００万円、賃貸アパート：２６００万円／金融資産：２０００万円＋６０００万円（売却収入）　**予想される相続税…**７２３万円

＼ 不動産売却収入を別の不動産に換えたいJさん ／

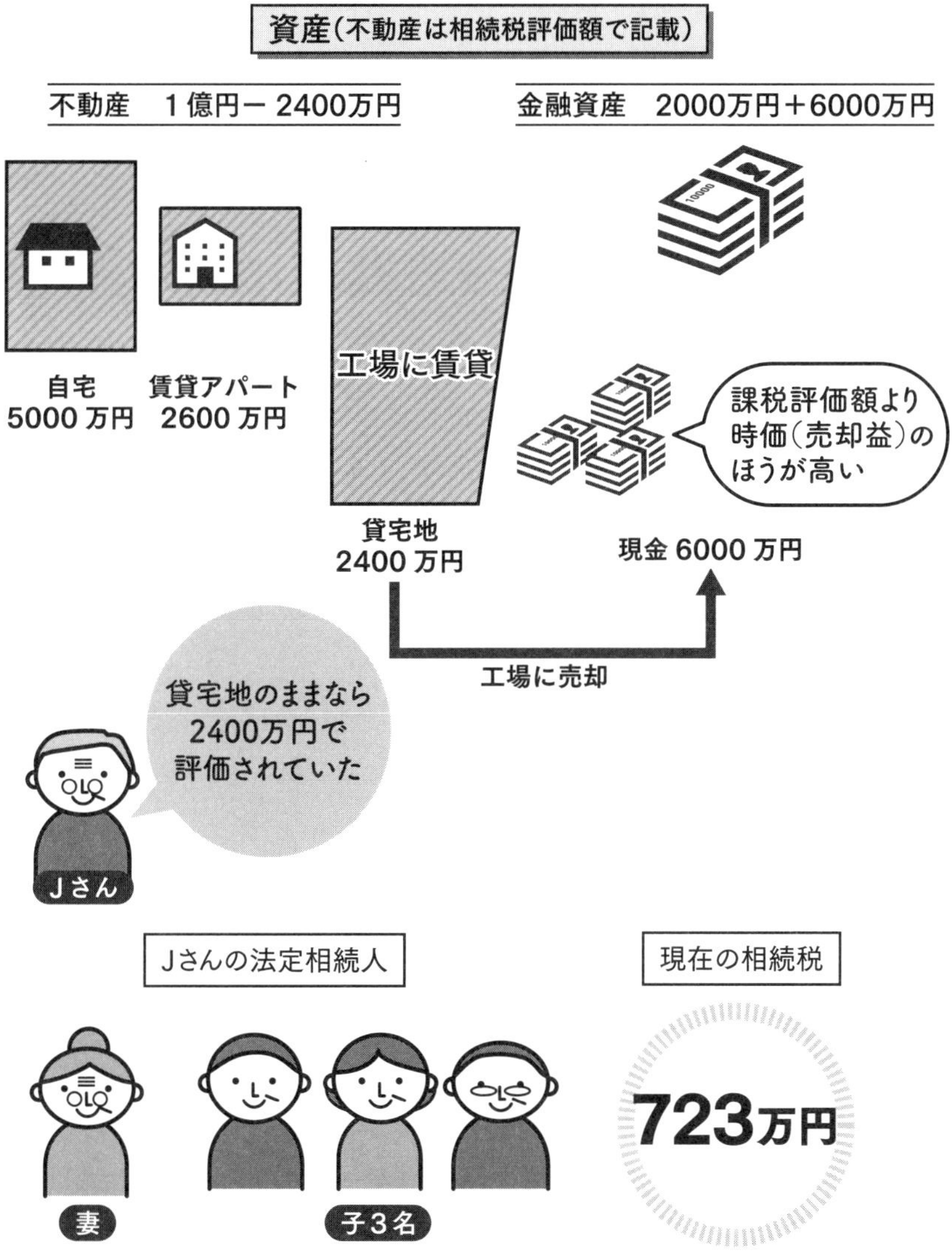

解決

ワンルームマンションを子どもの人数分購入する

Jさんのように、新たな賃貸物件を建築する土地がなく、また一定の手持ち現預金がある場合は、**分譲マンションへの投資**を考えましょう。

特に、ファミリータイプより**ワンルームマンション**を1室購入して賃貸に回せば、投資資金が少なく済み、また子どもの人数分など複数所有することでリスクも抑えることができます。

Jさんの場合は、6000万円で2000万円のマンションを3室買えば、子ども3人に分けやすいでしょう。

しかも、この方法であれば、評価額を低くできます⬇解説2-1。この場合、マンションの建物の評価はおおむね左図のとおりに減額されます。

そして、分譲マンションの土地は、評価の際に居住者の専有・共有面積に応じて分割されます⬇解説2-4。たとえば、課税評価額1億円の土地に建つマンションに20戸の部屋がある場合、仮にすべての部屋が同じ面積ならば、1人分は500万円です。さらにこの3室は賃貸に出しているので、ここから約2割減となります。最終的に1室2000万円のマンションが半額以下の800万円の評価額となるのです。これで相続税を計算するとJさんの相続税額は、402万円と当初より300万円以上減額できます。

対策

＼ 分譲マンションを子どもの人数分買う ／

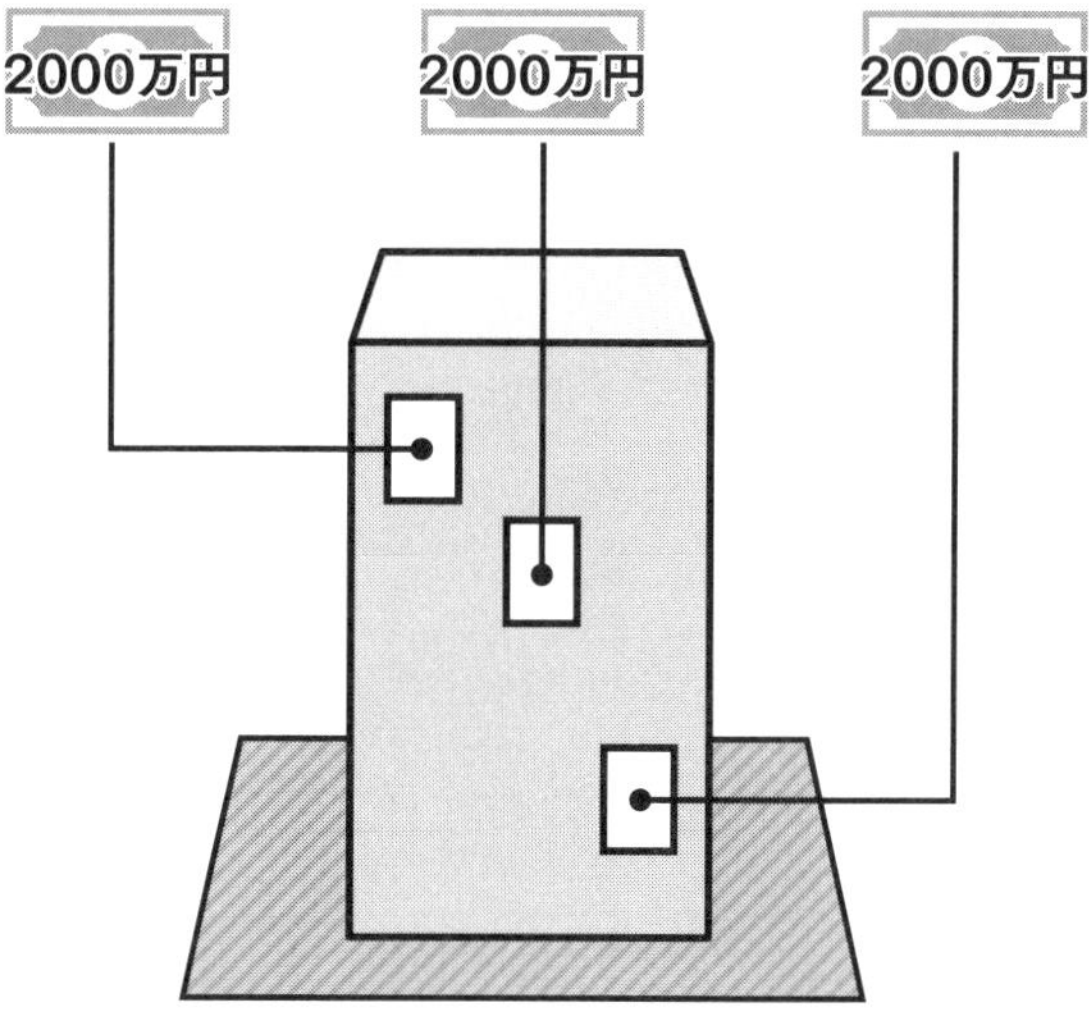

建物部分の評価

時価（購入価格）

↓ ４割減額

固定資産税評価

↓ ３割減額

賃貸する（貸家の評価）

土地部分の評価

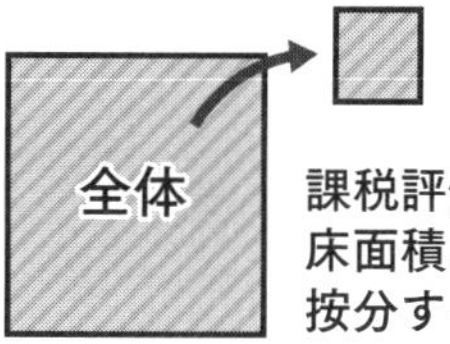

課税評価額を床面積に応じて按分する

最終的に１室あたりの課税評価額は800万円に

相続財産としての価額	節税効果
1億5600万円 ▼ **１億2000万円に圧縮**	723万円 ▼ **402万円**

事例
3

家族経営の事業だが、相続すると成り立ちそうにない

Kさんは、都内で古書店を営んでいます。本が売れない時代ですが、会社勤めの長男がサイドビジネスで始めた古書と古雑貨のネット通販が好評で、何とか事業を続けています。また、近所に結婚した長女が店を改装してブック・カフェを始め、これも軌道に乗ったところです。

将来は、長男と長女が事業を続けられるよう、この店を分割して相続させたいと考えていますが、問題はこの土地の評価額です。Kさんが事業を始めた当時は安かったのですが、その後宅地化が進み、周りはマンションだらけ。その分、路線価も上がり、現在Kさんの土地は2億円と評価されています。

長男と長女が、納税できるだけの現預金を持っているとは思えません。また、Kさん自身も、将来の課税に備えてお金を贈与する余裕はありません。どうすればいいでしょうか。

Kさんの家族構成…Kさん／長男／長女　**Kさんの資産**…店舗兼倉庫：2億円／金融資産：遺せるものは特になし　**予想される相続税**…3340万円

＼相続による廃業におびえるKさん／

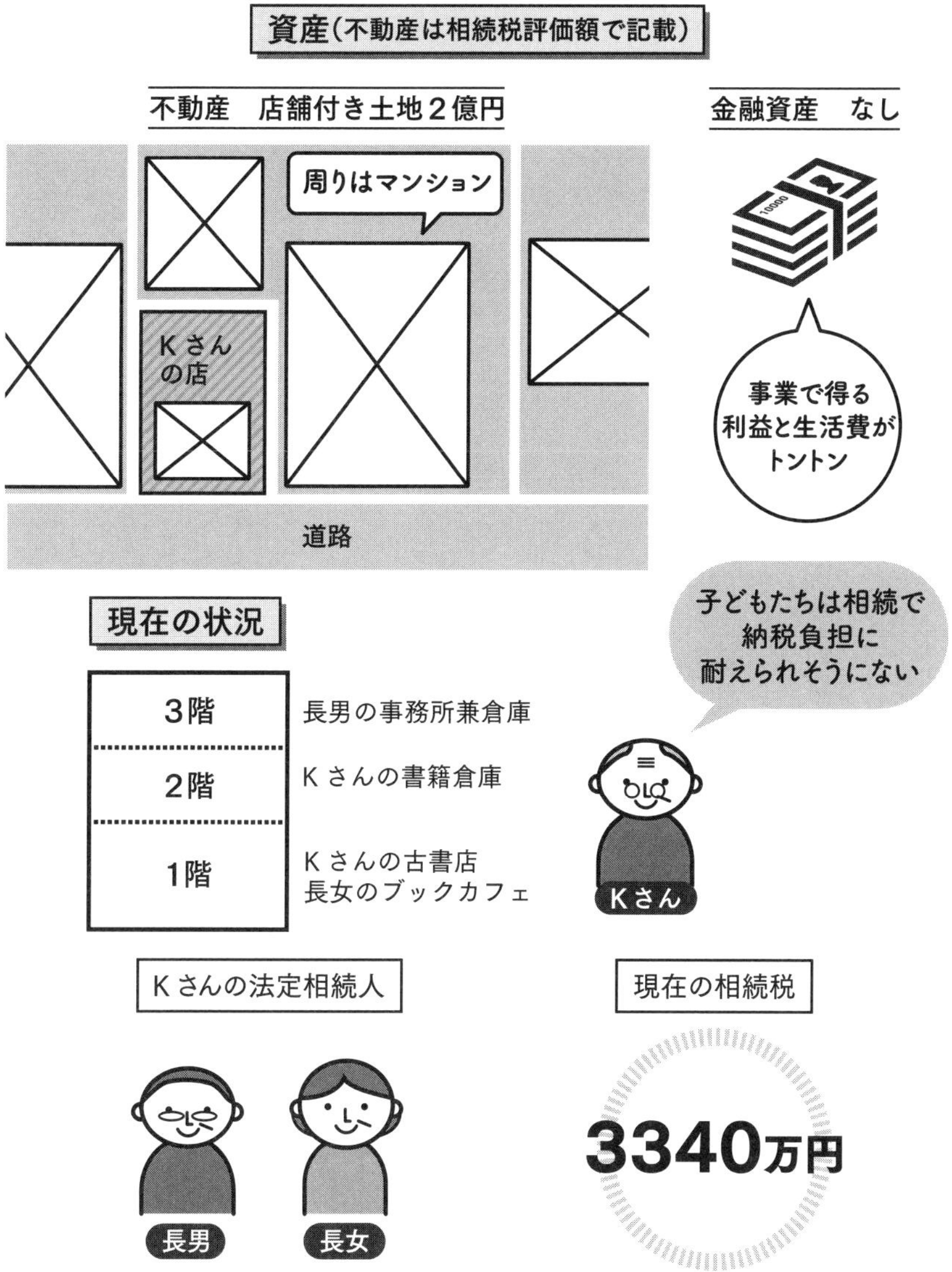
資産（不動産は相続税評価額で記載）
不動産　店舗付き土地２億円
金融資産　なし
周りはマンション
Kさんの店
道路
事業で得る利益と生活費がトントン
現在の状況
3階
長男の事務所兼倉庫
2階
Kさんの書籍倉庫
1階
Kさんの古書店
長女のブックカフェ
子どもたちは相続で納税負担に耐えられそうにない
Kさん
Kさんの法定相続人
長男
長女
現在の相続税
3340万円

解決1

特定事業用宅地等の特例を使えば事業承継も安心

小規模宅地等の特例では、家族経営の小規模な事業者が相続後も事業を続けられるようにするための特例も用意されています。これは小規模宅地等の特例のうちの**特定事業用宅地等の特例**と呼ばれるもので、**事業に使う土地に対し、相続財産としての評価額が80％減額される**というものです。適用できる面積は**400㎡**までです ⬇解説2-7。

ただし、これには適用条件があります。

1つは、**相続開始直前から相続税の申告までの間、相続した人がその宅地の上で、これまでと同じ事業を営んでいること**です。もう1つは、**その宅地を相続税の申告期限まで保有していること**です。

Kさんの場合、会社員である長男がKさんの事業を引き継ぐか、もしくはカフェを経営している長女が引き継がなければなりません。

長男・長女のうち、どちらかが事業を引き継ぐ場合は、特定事業用宅地等の特例が適用できるようになり、土地の評価を80％減に抑えることができます。

Kさんの場合、結果的に相続税額はゼロ円となります。

対策

＼ 特定事業用宅地等の特例で事業承継も安心 ／

貸付事業ではない事業に利用している土地

Kさんの事業はこちらに該当

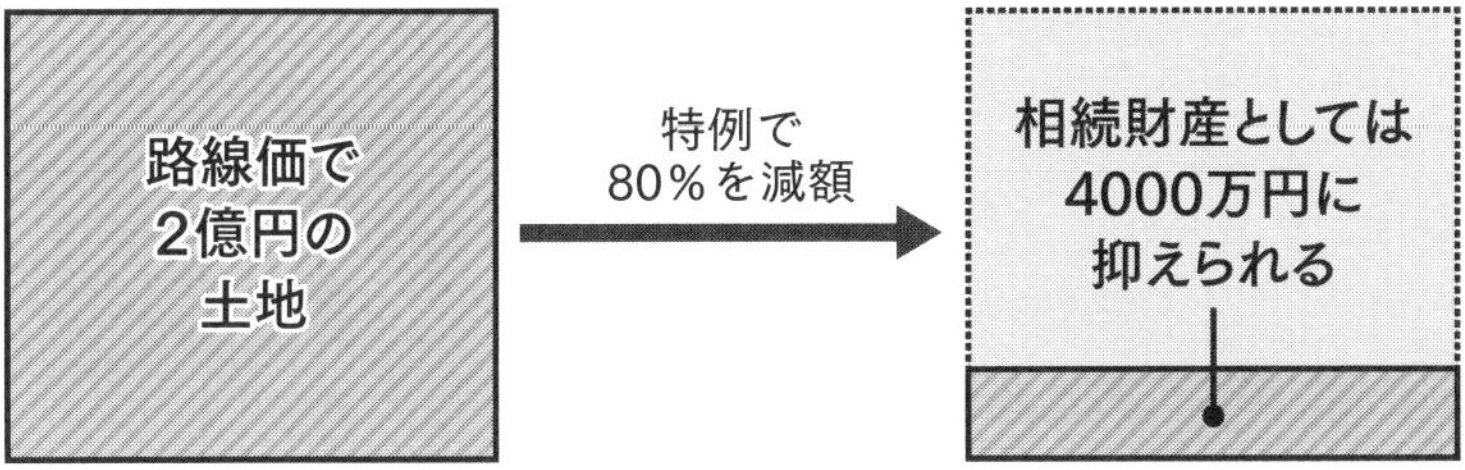

特例の適用条件
- 適用は400㎡まで
- 相続人が事業を継承すること

※貸付事業では、限度面積と減額の率が異なる

相続財産としての価額	節税効果
2億円 ▼ **4000万円に圧縮**	3340万円 ▼ **0円**

解決
2

事業承継税制を利用すれば、納税猶予・免除の適用が受けられる

Kさんのような事例では、後継者が取得した資産について贈与税や相続税の納税を猶予する**事業承継税制**の利用が考えられます。

この制度には**「一般措置」**と**「特例措置」**があります。

特例措置は、①2024年3月31日までに特例承認計画を策定し、都道府県知事に提出し、②2027年12月31日までの株式の贈与・相続等に対し実際に承継を行う者を対象として、③相続等した非上場株式にかかる贈与税または相続税の100%が猶予・免除される制度です。

一方の一般措置は、特例承認計画書の提出期限や適用期限はありませんが、特例の対象となる対象株数や納税・免除の割合に一定の制限があるなど、特例措置と違いがあります（左の表上段参照）。

青色申告を営む個人事業者も、2019年1月1日~2028年12月31日までの相続等により事業用資産を取得した場合には、その事業用資産にかかる贈与税・相続税について、一定の要件のもと納税を猶予し、後継者の死亡等により納税が猶予されている贈与税・相続税の納付が免除される個人版事業承継税制があります（左の表下段参照）。

Kさんのような場合は、事業承継税制の要件を充たせば納税の猶予を受けることができます。なお、事業承継税制を利用したい場合は、専門の税理士に相談することをおすすめします。

対策

＼ 法人版・個人版事業承継税制を利用する ／

法人版事業承継税制・特例措置と一般措置の比較

	特例措置	一般措置
事前の計画策定等	**特例承認計画を提出** 2018年4月1日から 2024年3月31日まで	不要
適用期限	**贈与・相続の期間** 2018年1月1日から 2027年12月31日まで	なし
対象株式	**全株式**	総株式数の最大3分の2まで
納税猶予割合	100%	贈与：100% 相続：80%
承継パターン	複数の株主から **最大3人**の後継者	複数の株主から1人の後継者
雇用確保要件	**弾力化**	事業承継後5年間、 平均8割の雇用維持が必要
事業の継続が困難な事由が生じた場合の免除	**あり**	なし
相続時精算課税制度の適用	60歳以上の者から **18歳以上の者**への贈与	60歳以上の者から18歳以上の推定相続人・孫への贈与

個人版事業承継税制の概要

事前の計画策定等	**特例承認計画を提出** 2019年4月1日から 2024年3月31日まで
適用期限	**贈与・相続の期間** 2019年1月1日から 2028年12月31日まで
制度の対象となる事業用不動産	先代事業者（贈与者・被相続人）の事業の用に供された資産で、贈与又は相続等の日の属する年の前年分の事業所得に係る青色申告書の貸借対照表に計上されたものをいいます。 ① 宅地等（400㎡まで） ② 建物（床面積800㎡まで） ③ ②以外の減価償却資産で固定資産税の課税対象とされているものなど

事例
4

放置していた小さな土地の評価額が高くなっていて心配

Lさんはかつて、子どもがいなかった叔父から小さな土地を相続しました。しかし自分の住む地域から遠いため、利用することもなくその土地を放置していました。

自分の相続のために財産を見直したところ、固定資産税を払うとき以外は忘れていたこの土地の評価額が高くなっており、自身の相続財産をふくらませることがわかりました。

Lさんは、一度は売ろうと考えましたが、地価が高まっている土地なので、すぐには手放さずに、子どもに相続させようとも考えています。ただ、今のままでは、相続税もそれなりにかかりそうです。評価額を低くし、相続できる方法はないものでしょうか。

Lさんの家族構成…Lさん／妻／長男
Lさんの資産…自宅：6000万円／遊休地：3000万円／金融資産：2000万円
予想される相続税…480万円

＼ 遊休地の扱いに悩むＬさん ／

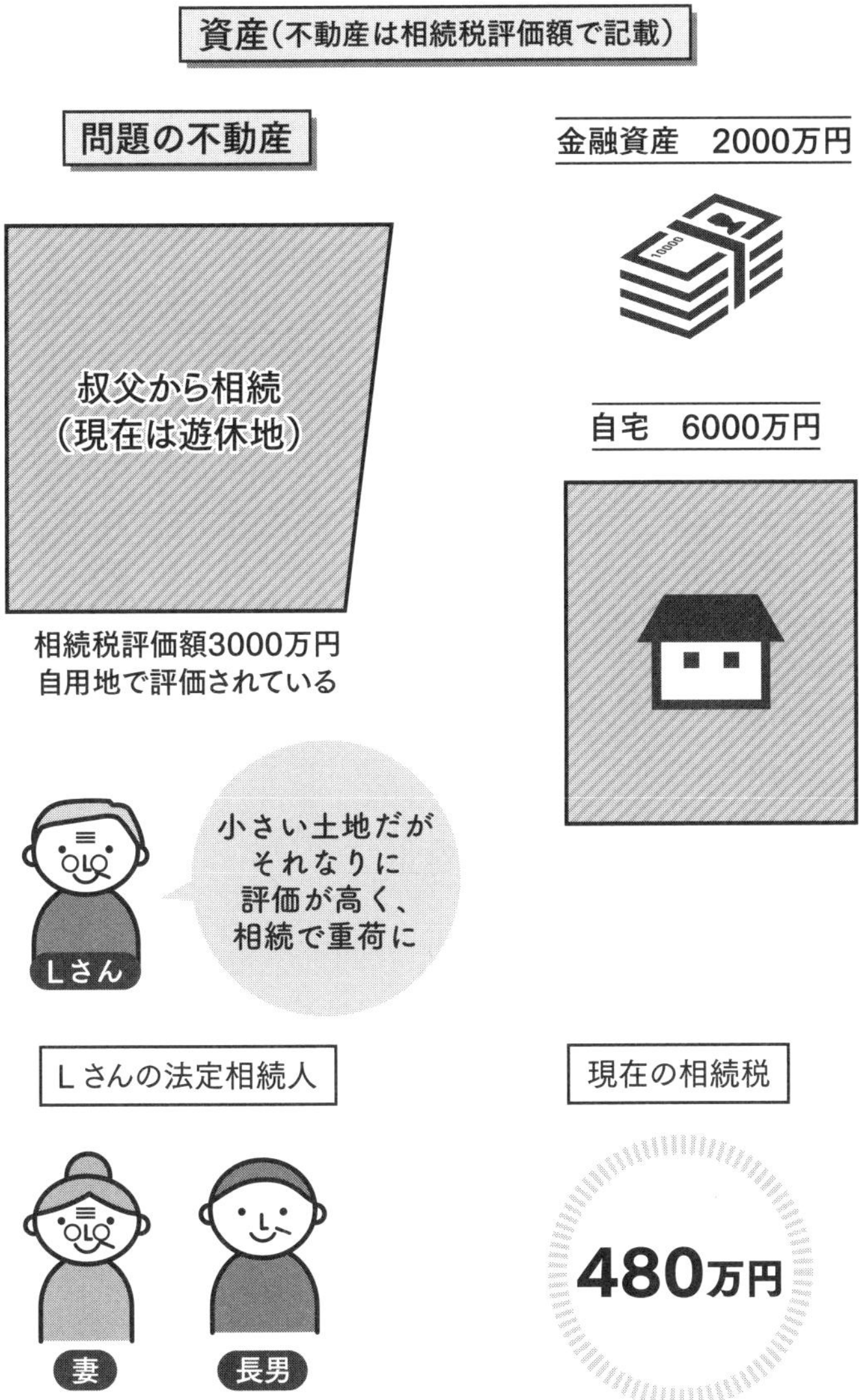
資産（不動産は相続税評価額で記載）
問題の不動産
叔父から相続
（現在は遊休地）
相続税評価額3000万円
自用地で評価されている
金融資産　2000万円
自宅　6000万円
小さい土地だが
それなりに
評価が高く、
相続で重荷に
Lさん
Lさんの法定相続人
妻
長男
現在の相続税
480万円

解決

小さい土地はコインパーキングにして評価額を下げる

小規模宅地等の特例では、貸付事業用宅地等、つまりその**土地自体を貸し出す事業を営んでいる場合にも、特例が用意されています** ⬇解説2-7。

特例を適用できる面積は**200㎡まで**で、**減額の割合は50%**です。自宅用の宅地や特定事業用宅地等ほどではありませんが、節税効果があります。

Lさんの土地の場合、駐車場として貸し出せば、相続時に特例を利用できるようになります。

ただ、貸付事業用宅地等に該当する土地として認められるには、事業運営に向けて、**何らかの構築物をつくっておかなければなりません**。土地をそのままで使う青空駐車場は、「単に、自動車を預かっているだけ」と判断され、貸付事業用の土地として認められません ⬇解説2-7。

貸付事業用宅地等に該当する土地として認められるためには、アスファルトを敷く、車止めをつくるなどするといいでしょう。コインパーキングにして料金ゲートや集金マシンを設置すれば、確実に貸付事業用として認められるはずです。

Lさんの相続税額は348万円で、対策前から132万円ほど節税できた計算です。それよりも値上がりが期待できる土地を相続させる見通しをつけつつ、駐車場からの収益といううれしいプレゼントまでついてきたことになります。また、土地の形状によっては、画地調整が入らないように土地を複数に分割することにより、土地の評価額を下げることができます ⬇解説2-8。

対策

＼ コインパーキングに変えて貸付事業用宅地等に ／

貸付事業に利用している土地

コインパーキングはこちらに該当

自用地で3000万円の評価の土地	コインパーキングで特例を適用し50％減額 →	相続財産では1500万円として評価される

特例の適用条件

・適用は200㎡まで
・相続人が事業を継承すること

貸付事業用地にするテクニック

土のまま設備なし	▶ 青空駐車場	自動車を預かっている	貸付事業にならない
アスファルト敷設料金ゲート設置	▶ コインパーキング	集金マシンなどの設備が整えられている	貸付事業になる

相続財産としての価額

3000万円
▼
1500万円に圧縮

事例 5

将来子どもに家業の農業を継がせるべきかどうか迷う

Mさんの家は果樹栽培農家で、Mさんが管理運営しています。長男は会社に勤めており、農業は繁忙期に手伝う程度です。

長男はまもなく50歳。そろそろ定年後の生活をどうすべきか、また、Mさんのあとを継ぐべきか考えているようですが、Mさんは「果樹栽培は手間がたいへんだし、自分の代で終えてもいい」と考えています。ただ、「相続では農家が有利だ」という話を、周囲の農家から時折耳にしています。もしそうなら、定年後、長男に農業を継がせたほうがいいのではないか。Mさんはどうすべきか悩んでいます。

Mさんの家族構成…Mさん／妻／長男／次男／三男
Mさんの資産…不動産：1億円（宅地2000万円、農地8000万円）／金融資産：2000万円（次男と三男が受け取る予定） **予想される相続税**…403万円

＼家業の農業を継がせるべきか悩むMさん／

資産（不動産は相続税評価額で記載）

問題の不動産 農地8000万円…長男が相続する予定

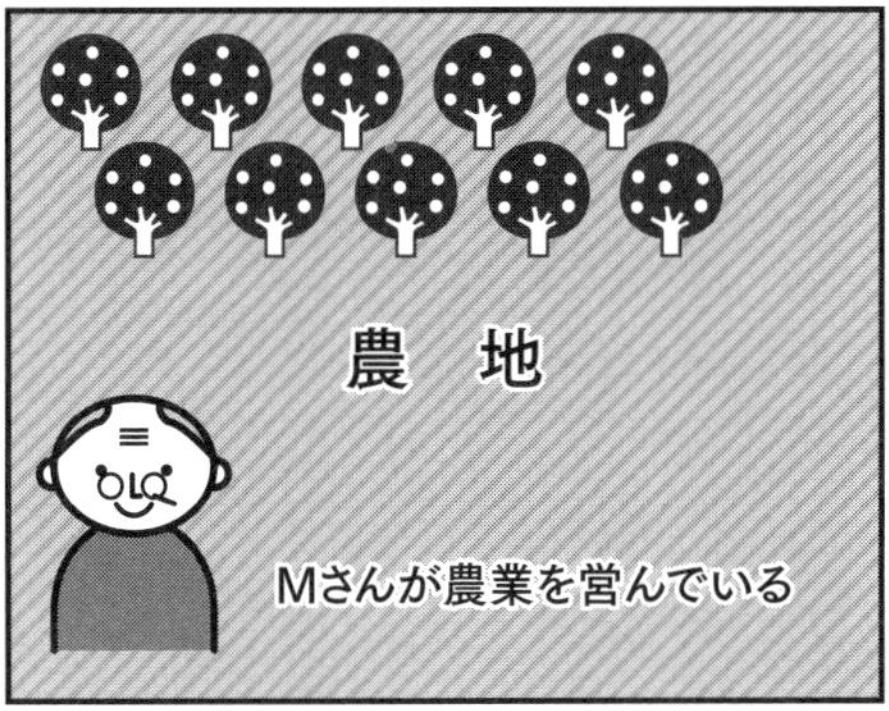

金融財産　2000万円

自宅　2000万円

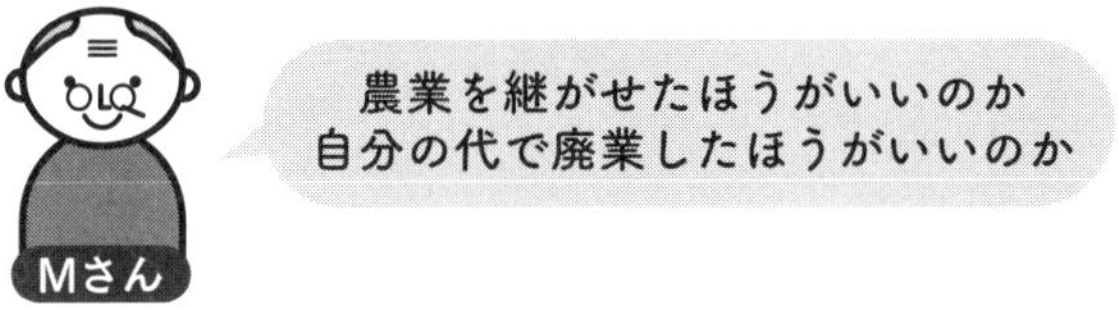

Mさんの法定相続人

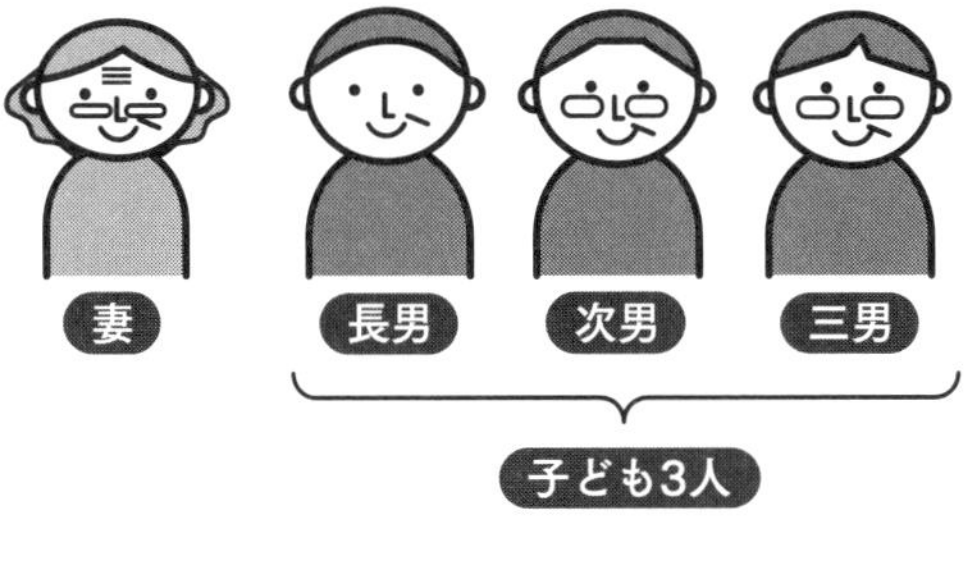

現在の相続税

403万円

解決

農業を継承すれば納税が猶予される

農家は通常、大きな土地を所有しています。それをそのまま自用地として課税されてしまうと、相続税はかなりの額におよび、納税負担をすると離農せざるをえない農家は多いものです。

そのような状況を避ける目的として、**農業相続人が農地等を相続した場合の納税猶予の特例**があります ⬇解説2-9。これは、農地に対して「課税はしますが、農業を続ける限り、納税を猶予しますよ」というものです。

Mさんのケースのように、子どもに農業を継がせれば、相続税のうち農地に課税されている分は、支払いが猶予されます。

ただし、もし将来、子どもが継いだ農業をやめた場合には、その猶予が解かれ、**相続時からの利子税を含めて納税しなければなりません**。この先、子どもの継ぎ手がいないとわかった時点で、さかのぼって相続税を納めなければならない可能性もあります。

このため、農業を継いだ子どもは生涯にわたって農業を続ける決意をもって対応する必要があります。

対策

＼ 農業を継げば納税が猶予される ／

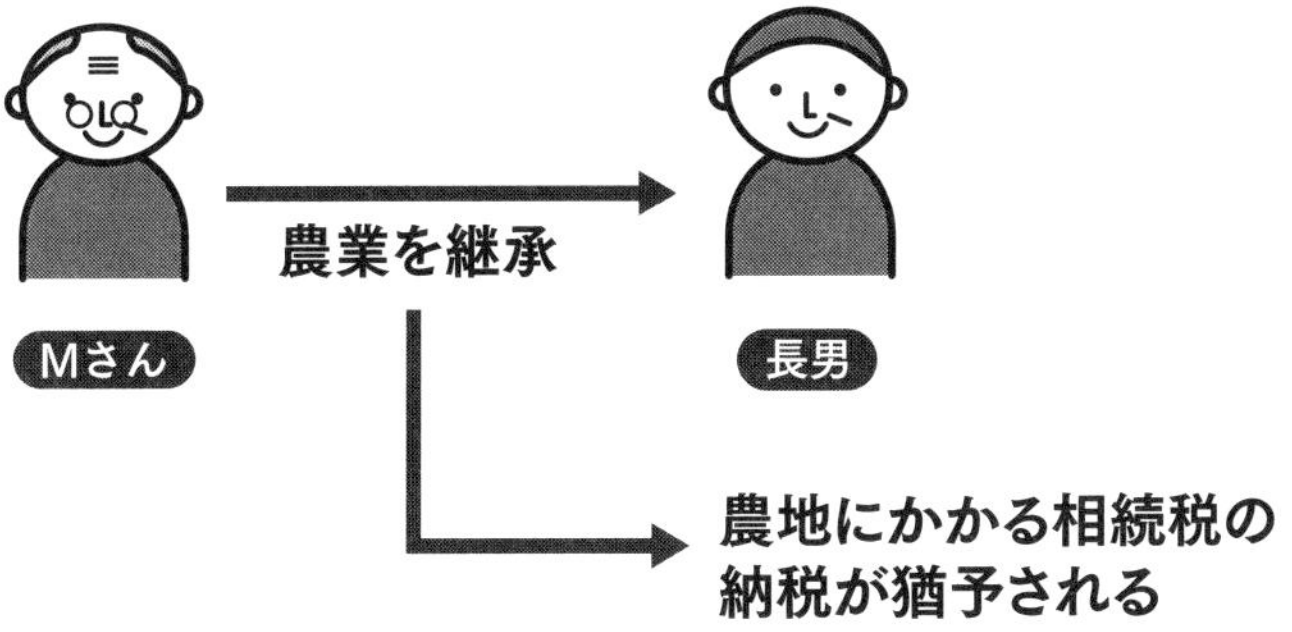
農業を継承
Mさん
長男
農地にかかる相続税の納税が猶予される

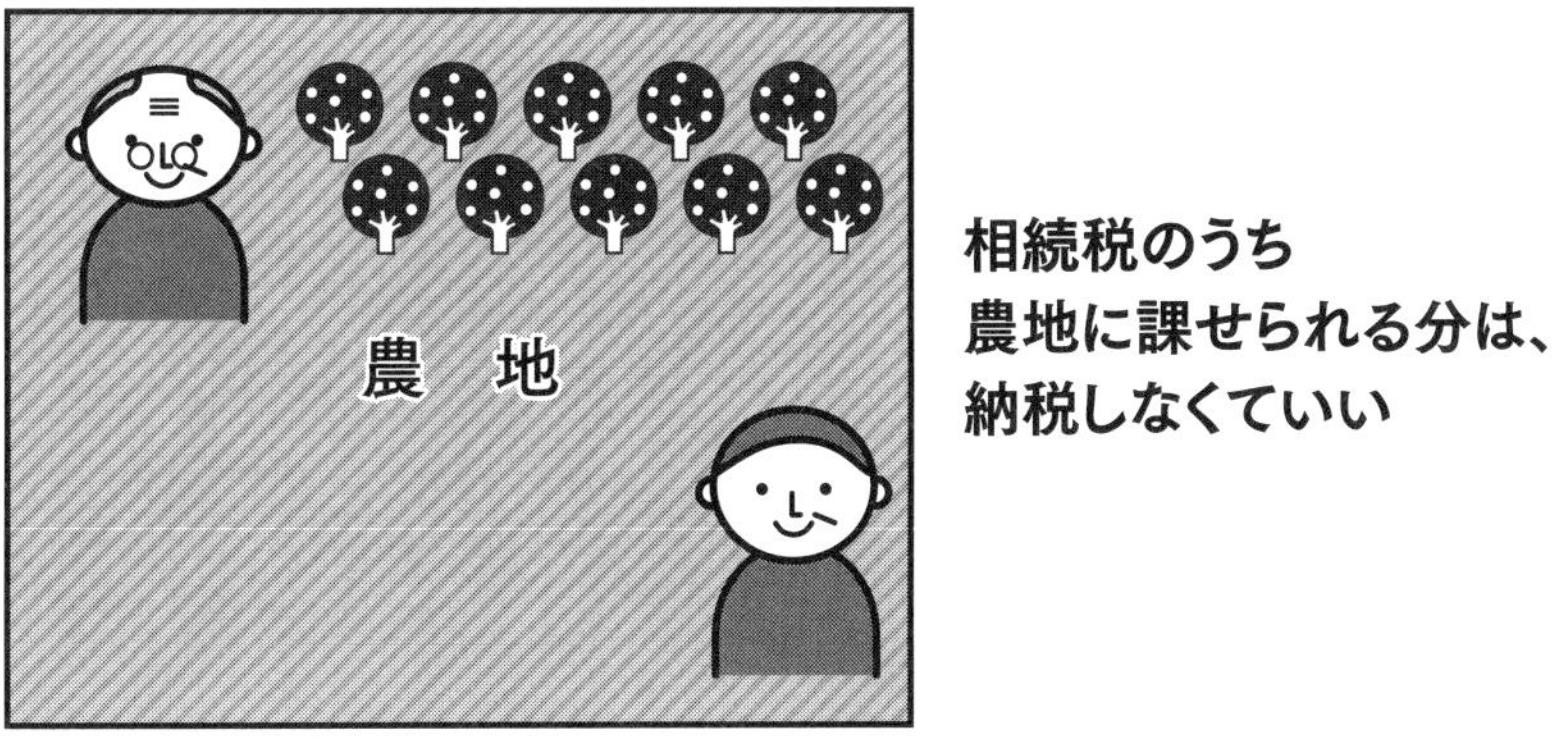
農 地
相続税のうち
農地に課せられる分は、
納税しなくていい

節税効果

403万円
▼
当面0円

注意！
将来、農業を
やめると、
利子税を含めて
納税しなければ
なりません
税理士

解説
2-1

生きているうちに現金を不動産に換えておく利点とは

現金は扱いやすい資産ですが、節税という観点からみた場合は大きな弱点があります。それは、常に額面どおりの価値として扱われる点です。1000万円の現金は、常に1000万円の価値で評価されます。これが、節税では弱点となります。

◉現金の弱点を克服し、評価額を下げられる資産に

相続税対策で財産を圧縮したいという場合、贈与などで実質的に減らす方法のほかに、もう1つ、財産そのものの評価額を下げるという方法があります。

その代表的なものが不動産です。現金ではその方法がとれません。

たとえば、Aという資産を1000万円で購入した場合、時価が下がらなければ1000万円で売却できるので、実質1000万円の財産です。

しかし、相続税の計算では、Aが実質1000万円の財産でも、時価で評価されるわけではな

く、低く評価されるものもあります。

◉不動産に換えて評価額を下げる

相続税では、土地の価額は相続税評価額のほか公示価格や固定資産税評価額で換算されます。通常、固定資産税評価額は公示価格の7割の価格となります。

現金1000万円で1000万円の更地を購入した場合、相続では700万～800万円の価値として評価されます。同じ1000万円でも、現金から土地に換えておけば、節税になるのです。

使う目的のない現金があり、それを贈与などで圧縮する方法がない場合は、「土地に換える」という、節税効果が高い選択肢があることを覚えておいてください。

ただし、不動産であれば何でもよいわけではありません。時間のあるうちにじっくり考えながら検討しておくことをおすすめします。

解説
2-2

土地の評価額は評価方法で変わる

相続時の計算において、土地の評価は時価によることとされています。しかし、土地の時価を把握することは容易ではないため、国税庁では財産評価基本通達による価額を相続税評価額としています。

相続税評価額には路線価方式と倍率方式があり、国税庁ホームページで確認できます。路線価方式・倍率方式は時価の2～3割低めに評価されることが多いため、これらの評価方法では、不当に高い価額で計算されるということはありません。

◉時価での評価がトクする場合も

なお、**路線価方式や固定資産税評価額、公示価格は、原則として年に1度しか改定・公示がおこなわれません。**

そのため、災害に遭う、開発計画が急にとりやめになるなど、土地の利用環境が激変した場合は、公示後に著しく時価が下がるケースもあります。何らかの風評被害によって、時価が大きく下がるケースもあり得るでしょう。その場合、売買取引時価を用いて計算したほうが、計算上は相続財産の総額を抑えられます。

土地の評価は実際には非常に複雑で、素人判断では誤ることが少なくありません。いちばん確かな対応は、**相続に精通した税理士に相談する**ことです。税理士に相談後、時価で評価するとなった場合は、**不動産鑑定士に依頼**すれば、さらに安心といったところです。

なお、宅地（農地や山林原野、湖沼や鉱泉地などでない土地。家が建っている必要はありません）の価額を評価する方法には、次ページの5つがあります。

宅地の評価額の算定法

①相続税評価額	路線価方式と倍率方式がある。路線価方式とは、1㎡あたりの価額で示された路線価に土地の面積（地積）をかけて計算した金額によって評価する方式のこと。倍率方式とは、路線価が定められていない地域で用いられ、その土地の固定資産税評価額に一定の倍率をかけて計算した金額によって評価する方式をいう。 一般に、土地の場合、更地や自宅が建っている土地（自用地）は「正面路線価×地積×各種補正率等」の計算で相続税評価額を求める。なお、たとえば更地にアパートなどの賃貸用の建物を建てると貸家建付地としての評価額となり「自用地評価額－自用地の評価額×借地権割合×借家権割合（30％）×賃貸割合」と低くなる。
②公示価格	国や自治体が公共事業用地を取得する際に目安とする価格で、国土交通省が毎年公示する。民間の取引でも参考にされている。
③基準価格	基準地価とも呼ばれ、国土利用計画法に基づき、都道府県がその年の7月1日時点における基準地の1㎡あたりの価格を判定する。毎年9月下旬ごろに公表される。
④固定資産税評価額	総務省が定めた「固定資産評価基準」に基づいて、各自治体が土地と家屋それぞれに対して決める評価額で、土地では公示価格の70％程度になる。
⑤鑑定価額	「実際に売り買いするもの」と想定した際の価額。不動産鑑定士による鑑定価額。

解説 2-3

土地は形状によっても評価額が変わる

◉土地の形状で評価額は補正される

土地の評価額は、その土地が面している道路の路線価と地積（面積）のかけ算で導かれますが、これは、その土地が「標準的な宅地である」ことを前提としています。具体的には、

①土地の一面のみが道路に接している

②周囲の宅地に比べて奥行が標準的

というのが、標準的な宅地です。

しかし実際には、面積が同じでも道路からの位置関係や土地の形式はさまざまであり、利用価値はずいぶん違います。そこで宅地のそれぞれの特性が反映されるよう、評価額に調整がかけられます。これを**画地調整**《かくちちょうせい》といいます。

画地調整には、次のような種類があります。なお、どれくらい補正されるのかは地区や実際の形状、土地の用途によって変わり、国税庁が「各種の補正率表や加算率表」で示しています。

(1) 増額の補正

複数の路線に接する土地は、利便性が高いため、加算がおこなわれます。

a 正面だけでなく側面も道路に面している（角地・準角地）↓側方路線影響加算

b 2本の道路にはさまれている↓二方路線影響加算

3本以上の道路に面している場合は、この補正を併用して評価されます。

(2) 減額の補正

土地のかたちによって利用価値が下がる場合は、減額の補正がおこなわれます。

c 奥行の深さ↓奥行価格補正

その地域の宅地の標準的な奥行を1・0とし、それに比べて浅いか深いかによって補正がかかります。この補正は、すべての土地でおこなわれます。

d 奥行が深すぎる（間口の長さに対し奥行が著しく長い〔普通住宅地区なら2倍以上〕。いわゆる「ウナギの寝床」）↓奥行長大補正

e 道路に面する部分が狭い（旗竿地など。普通住宅地区なら8m未満）↓間口狭小補正

f かたちがいびつ↓不整形地補正

g 土地の一部が急斜面↓がけ地補正

左の図に示した補正以外にも、さまざまな補正があります。

＼ さまざまある画地調整の種類を知ろう ／

加算される補正

a 側方路線影響加算

b 二方路線影響加算

減額される補正

c 奥行価格補正

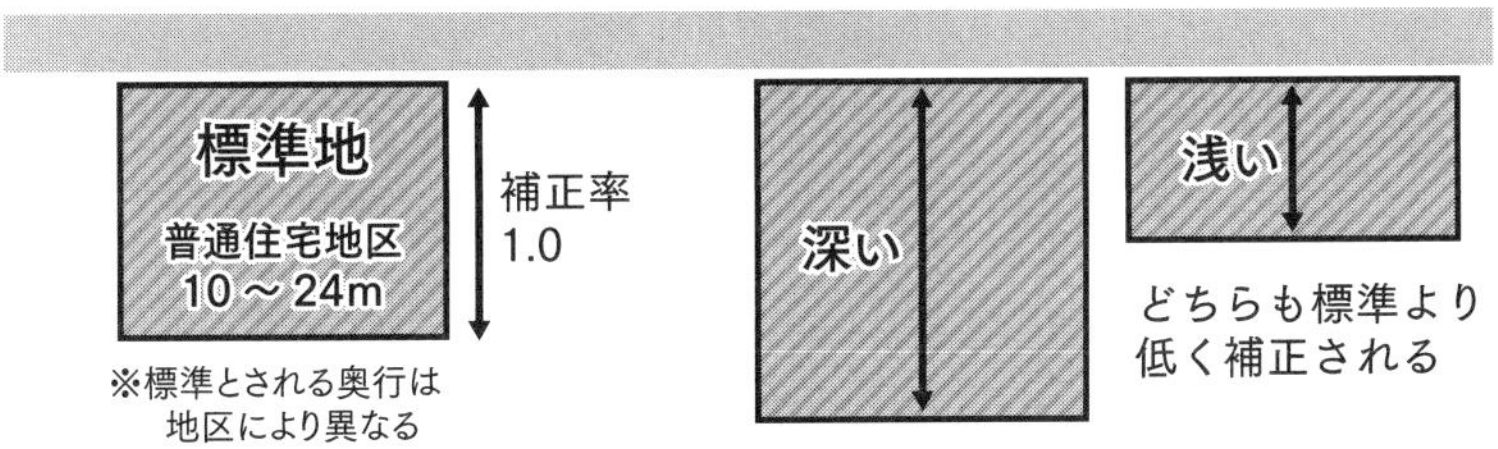

d 奥行長大補正

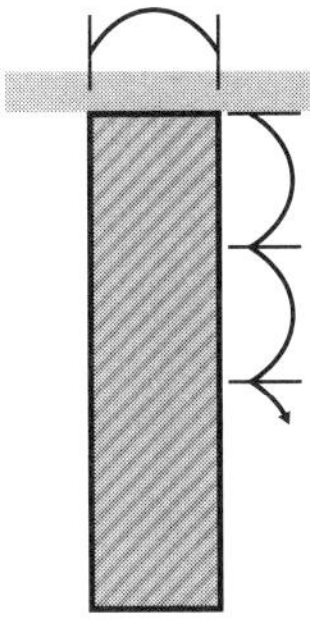

e 間口狭小補正

f 不整形地補正

g がけ地補正

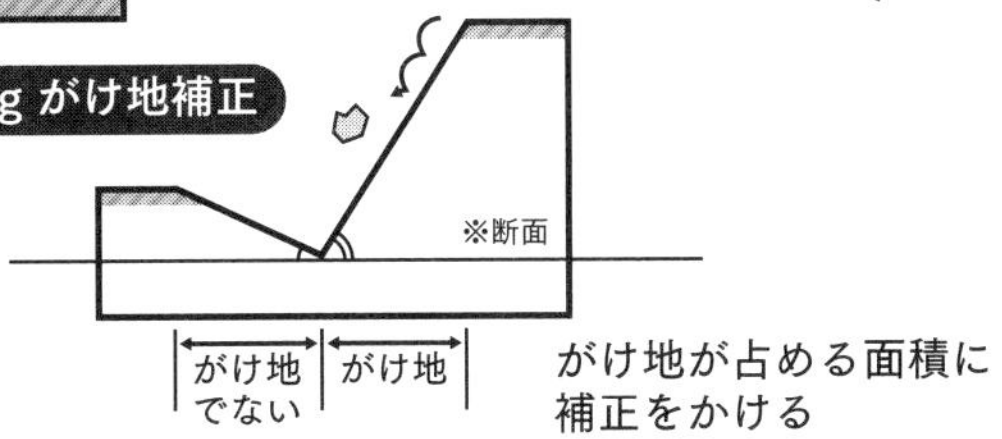

(3)利用価値が著しく低い

・道路より高い位置・低い位置にある（付近の宅地に比べ、著しく高低差がある）
・地盤がデコボコ、震動がひどい
・騒音、日あたりが悪い、臭気、忌み（死亡事件があった等）などで、時価が低い

ただし、路線価がこの状況を反映している場合には、適用されません。

(4)無道路地

道路に接していない宅地のことです。道路に接していても、間口が接道義務（道路に面しているべき長さ、通常は2m以上）を満たしていない場合も含まれます。ただし、他人の土地に囲まれていて、そこを通行できる権利がある場合は、無道路地になりません。

(5)セットバック

建築基準法では原則として、道路の中心線から2m後退した線が敷地との境界線とされ、建物をこの境界線より内側に後退（セットバック）させなければなりません。道路の拡張でセットバックしなければならない場合、その部分の面積は減額されます。

解説 2-4

土地の利用方法でも評価額が変わる

◉利用する権利は誰にある？

前項では、土地の形状などによって評価額が補正されることを述べましたが、その土地の利用方法でも、評価額が変わります。

最も高く評価されるのが、**自用地**（所有者本人が利用している土地）です。利用せずに放置している場合も含まれます。これは、土地の価値というものの法律上の解釈に基づいています。土地には、それ自体の価値に加えて、土地を貸し借りする権利、使い方を決める権利、場所を利用する権利などを含めて価値があるとされているからです。

自用地の場合、所有者がこれらの権利を全部持っている状態なので、最も高く評価されるのです。

貸し出している土地（第三者が利用している土地）は、評価が低くなります。なぜなら、利用できる権利が制限されている状態だからです。

＼土地の利用方法と評価額／

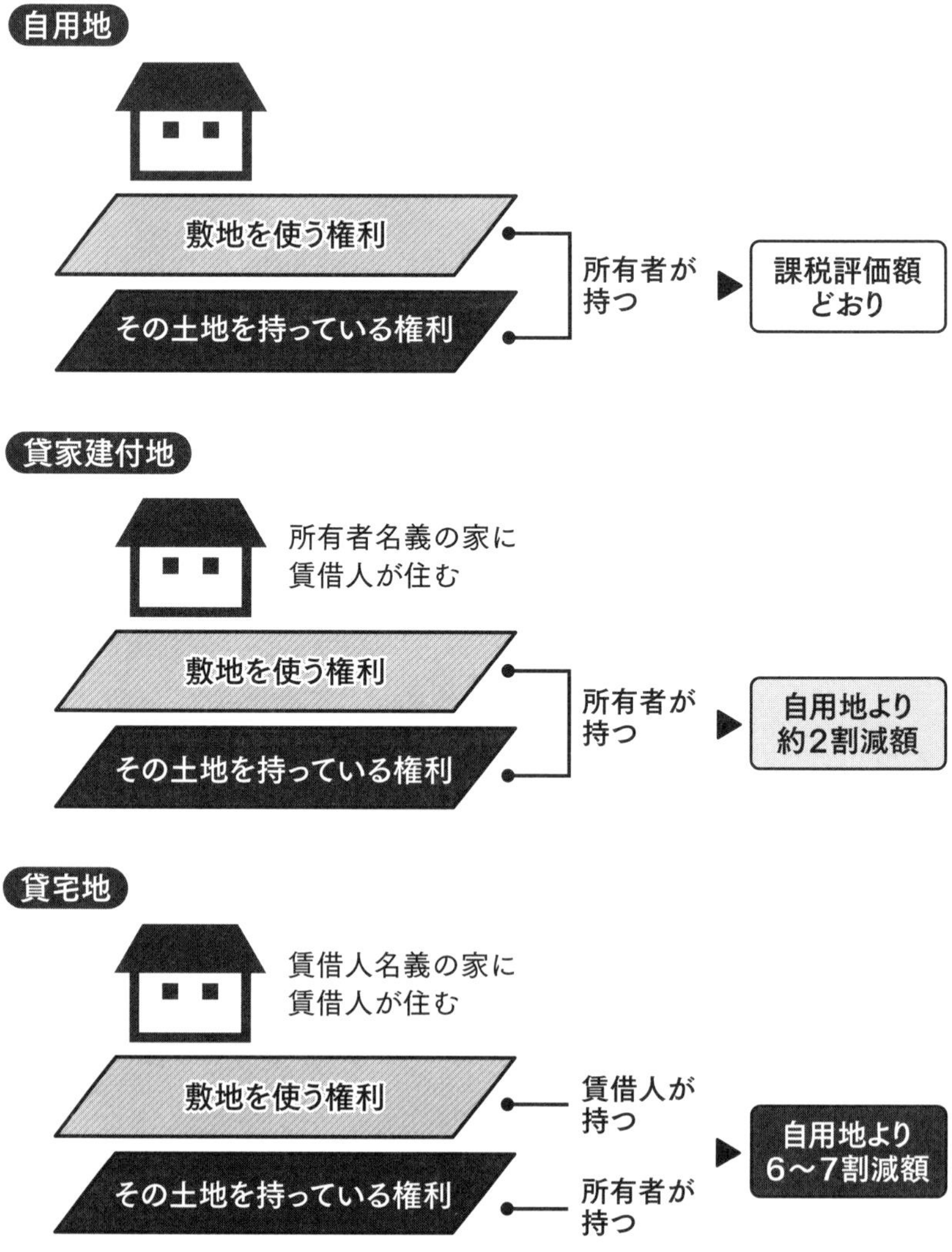

※実際は底地（所有権）・借地権・定期借地権・敷地に対する権利などに分かれる

これはさらに、土地の上に建つ建物が所有者のものか第三者のものかで、**貸家建付地《かしやたてつけち》**と**貸宅地《かしたくち》**に分類されます。所有者の権利が制限されるほど評価額も低くなります。

◉分譲マンションの土地はどう評価される？

分譲マンションの場合は、何人ものオーナーが同じ土地を使っている状態です。この場合は、その土地を「みなで分け合っている」とみなして、それぞれの**オーナーが権利を持つ面積で割り振り、評価額を分け合います。**

タワーマンションは節税効果が高いといわれますが、それは、1つの土地をたくさんのオーナーで分け合うからです。

なお、2017年に地方税法が改正され、階層が高いほど税率が高くなり、以後この効果はのぞめなくなりました。

さらに、2023年7月現在、マンションの相続税評価額の見直しについても次のように検討されています。

◉マンションの相続税評価額の見直し

相続税および贈与税の課税標準となる財産の価額は、時価によることとされていますが、財産評価基本通達により、土地は原則として路線価、建物は固定資産税評価額（以下「通達評価額」という。）とされています。

分譲マンション、特にタワーマンションは、人気があり高価格の高層階ほど市場売買価格と通達評価額の差が大きくなる傾向があります。この差を使った節税策は「マンション節税」とも呼ばれ、相続税負担の不公平性がかねてから指摘されていました。

国税庁はこの不公平の是正に向けて、マンションの評価額を見直す作業をすすめています。具体的には、①築年数や階数などに基づいて通達評価額と市場価格理論値の乖離の割合（乖離率）を計算し、②乖離率が約1・67倍以上の場合は従来の通達評価額に乖離率と0・6を掛けることによって評価額を引き上げます。市場売買価格の平均4割程度にとどまっている評価額が最低でも市場価格理論値の6割となる見込みです。

2023年中に改正し、2024年1月1日以降適用される見通しです。

（2023年7月現在）

＼マンションの相続税評価額の見直しのイメージ／

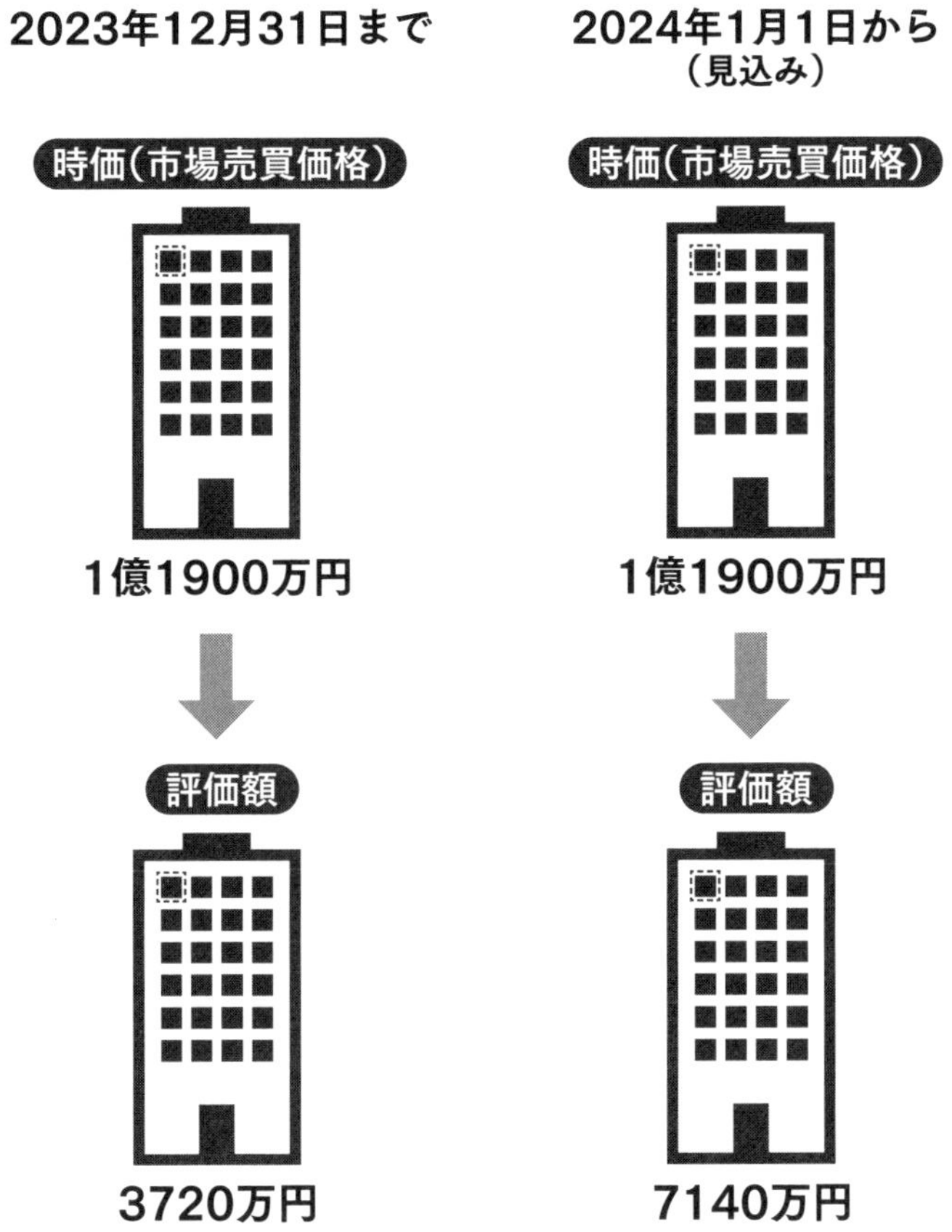

本書においてマンションの評価について触れている箇所

PART 1 事例 3 事例 4 事例 6

PART 2 事例 1 事例 2 解説 2-4

◉青空駐車場は貸家建付地ではない？

所有者が土地を貸駐車場にしている場合、土地を利用する権利は自動車のオーナー側にあるので貸家建付地として評価されそうですが、原則として**自用地として評価されます**。駐車場は自動車の保管を引き受けているのであって、土地そのものを貸しているのではないと解釈されるからです。

ただし、所有者が土地に何らかの設備を設置するなどしてから貸し出せば、設備を貸し出すかたちになるので、賃借権の価額を控除した金額として評価できるようになります。なお、アスファルト舗装や砂利が敷かれた駐車場は、貸付事業用宅地として小規模宅地等の特例対象となります。

駐車場にする際に、よく「青空駐車場ではなく、コインパーキングにしたほうがいい」といわれるのは、こうした税法上の解釈があるからです。

また、駐車場の賃貸借契約を結ぶ際に、自動車のオーナーに対して「車庫などを、自分の費用で造ってもいい」と認める条項が入っている場合も、賃借権の価額を控除した金額として評価されます。青空駐車場からコインパーキングにした場合、消費税の課税事業者となる場合があるので、注意が必要です。

解説 2-5

建物の評価方法

土地の上に建つ建物の相続税評価額は、固定資産税評価額を1・0倍した額、つまり、**固定資産税評価額と同じ額**です。

固定資産税評価額は、家屋の基礎の構造、各部分の素材や設備に応じて決められます。いわば建築物の各コストを積み上げて計算されますが、これがおおむね時価の6割程度になるため、手持ちの現金を使って新たに建てれば、節税効果が生まれます。

◉固定資産税評価と貸家の評価

建物を貸家にした場合、土地と同様に、所有者の権利が制限される分、評価が減額されます。具体的には、固定資産税評価額に**借家権割合**と**賃貸割合**を乗じた価額が控除されます。

賃貸割合とは、建物の床面積のうち、第三者に貸し出している割合のことをいい、また借家権割合は、相続税の計算をする場合は一律30%と決まっています。

＼ さまざまある建物の評価方法 ／

売買取引時価

・購入時に支払った金額
・建築に要したお金
・売却を想定した見積額

固定資産税評価額

建物の素材や設備を
個々に評価
——その総計

**時価（購入価格）より
約4割を減額**

貸家にした場合の評価額

使用収益する権利を
賃借人に移転している状態

**固定資産税評価額より
3割 × 賃貸割合を減額**

解説 2-6

自宅として土地を利用している場合（特定居住用宅地等）

小規模宅地等の特例①

◉自宅を失わないために

自宅として使用している土地は、自用地なので高く評価されます。すると相続税も高くなり、納税するために、自宅を手放さざるを得ない事態も出てきます。これを避けるのが、小規模宅地等の特例のうちの**特定居住用宅地等の特例**です。

この特例では、その土地を相続財産に加える際に、要件を満たす宅地については**330㎡（約100坪）**まで、**評価額を8割も減らすことができます。**330㎡を超えた分については、評価額どおりに相続財産に加えられます。

100坪であれば、たいていの家屋の敷地はそのなかにおさまるでしょう。2000万円の宅地なら相続時に400万円で評価されるので、**非常に大きな節税効果があります。**

この特例を適用するためには、**土地を利用している人が直前まで、その宅地を自宅としていなければなりません。**土地の所有者が介護や支援の施設などで暮らしていた場合も、貸し出されたり他の事業に使われたりしていなければ、自宅として認められます。

この特例は、**相続税の申告期限までに申告しないと適用を受けられません**。また、土地の所有者が生前に、相続時精算課税制度を利用して相続人に贈与した宅地には、この特例は使えません。

なお、小規模宅地等の特例の適用が可能な人がいる場合、148〜150ページのように代償分割⬇解説3-2と組み合わせることにより、相続税の負担額を軽減できる場合があります。

◉〝家なき子〟も条件に合えば特例が使える

この特例は、相続した人が土地の所有者の家を自宅として使うことが前提です。

しかしそれでは、都市に生活基盤を持つ人が田舎の父母の家を相続した場合は、特例を適用できなくなりそうです。広い土地に建つ実家が自用地として評価され、しかも全額が課税対象となれば、相続税はかなり高くなることが予想されます。

そこで、実際に住まなくても、次の条件が整えば特例の適用が認められています。

①亡くなった人に配偶者がおらず、相続開始の直前において亡くなった人の相続人も同居していないこと

②その宅地の相続人が、相続開始の前3年以内に自己所有の家に住んだことがないこと

＼小規模宅地等の特例① 特定居住用宅地／

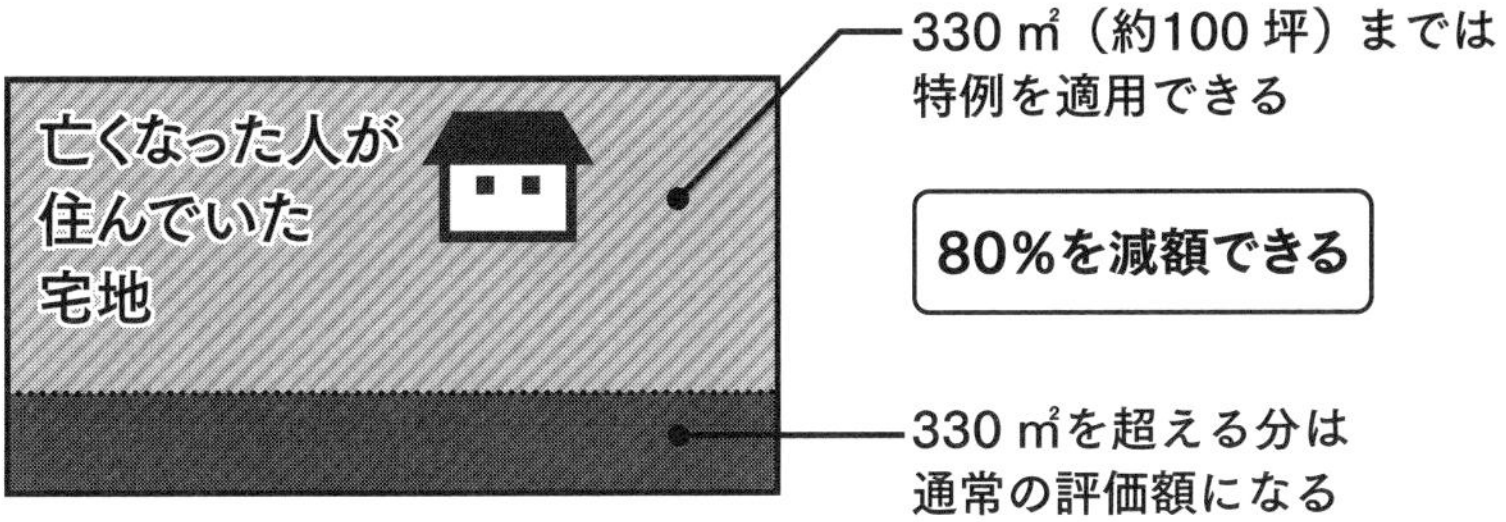
亡くなった人が住んでいた宅地
330㎡（約100坪）までは特例を適用できる
80%を減額できる
330㎡を超える分は通常の評価額になる

○特定居住用宅地等の特例の要件

区　分	取得者	取得者ごとの要件
亡くなった人の居住の用に供されていた宅地等	配偶者	「取得者ごとの要件」はなし
	同居していた親族	相続開始時から相続税の申告期限まで、その家屋に住み、かつ、その宅地等を相続税の申告期限まで有している人
	同居していない親族	次の①～⑤の要件をすべて満たす人 ①亡くなった人に配偶者がいないこと、相続開始の直前において亡くなった人の居住の用に供されていた家屋に居住していた被相続人（亡くなった人）の相続人がいないこと ②相続開始前3年以内に相続人自身が所有する家屋に居住したことがないこと ③相続開始前3年以内に相続人の配偶者、三親等内の親族または相続人と特別の関係がある一定の法人が所有する家屋に居住したことがないこと ④相続開始時に、相続人が居住している家屋を相続開始前のいずれの時においても所有していたことがないこと ⑤その宅地等を相続開始時から相続税の申告期限まで所有していること
亡くなった人と生計を一にする亡くなった人の親族の居住の用に供されていた宅地等	亡くなった人の配偶者	「取得者ごとの要件」はなし
	亡くなった人と生計を一にしていた親族	相続開始の直前から相続税の申告期限まで引き続きその家屋に住み、かつ、その宅地等を相続税の申告期限まで持っている人

③その宅地の相続人が、相続開始の前3年以内に配偶者、三親等内の親族または特別の関係がある一定の法人が所有する家に住んだことがないこと
④相続の開始時に相続人が住んでいる家を過去に一度も所有していたことがないこと
⑤その宅地の相続人が、その宅地を相続開始時から相続税の申告期限まで所有していること

持ち家がないなら、相続した家に今は住まなくても、いつかは移り住むと想定されます。これを、持ち家を持たない人への特例ということで、**家なき子特例**と呼びます。この特例を利用すれば、今の生活基盤を変えることなく、納税負担を抑えつつ、田舎の実家を相続できます。

◉小規模宅地等の特例と代償分割を組み合わせる

小規模宅地等の特例の適用が可能な人がいる場合は、**代償分割と組み合わせる**ことによって相続税額の負担を軽減できる場合があります。生前、自分が亡くなったあとのことを考えて対策を検討するとよいでしょう。

たとえば同居する長男と、別世帯に住む長女の2人がいて、自分が他界したあとは長男と長女に自宅財産を共有してもらいたいと考えている人がいるとします（左の図参照）。相続財産は評価額で、居住用土地1億円（時価1億2000万円）、建物2000万円、預貯金等2000万円、

＼ 代償分割を組み合わせて平等に分割する ／

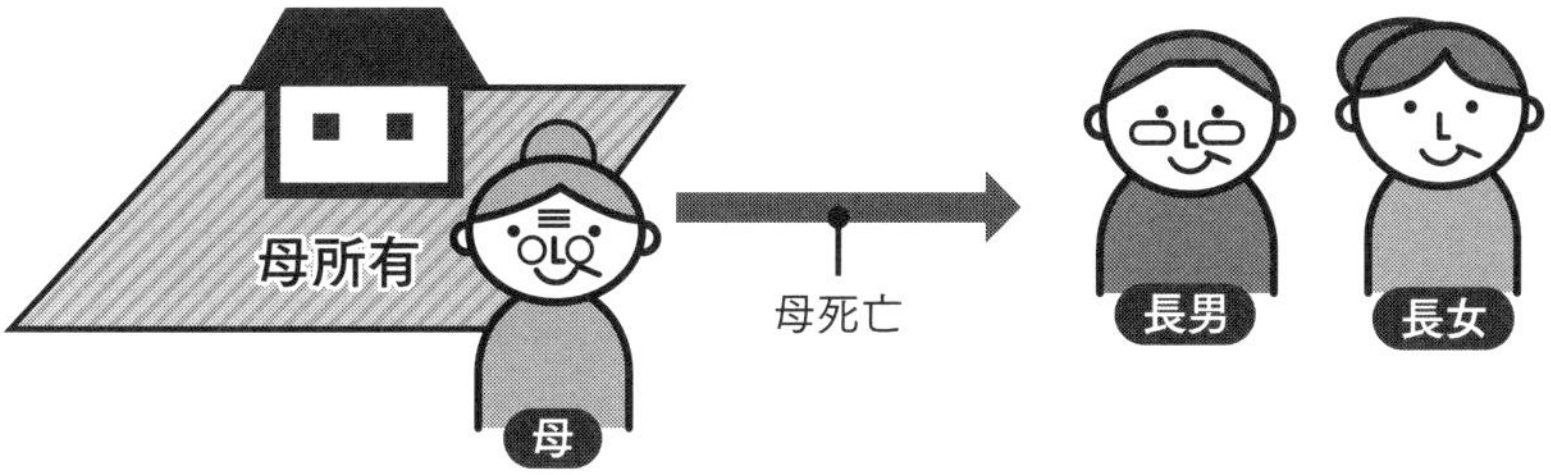

パターン1　長男・長女で共有する財産を平等に分割する場合

	財産明細	評価額	長男	長女
1	土地	1億円 （時価1億2000万円）	5000万円	5000万円
	小規模宅地等の特例	―	▲4000万円	―
2	建物	2000万円	1000万円	1000万円
3	預貯金など	2000万円	1000万円	1000万円
課税価格		1億円	3000万円	7000万円
相続税		770万円	231万円	539万円

パターン2　土地建物は長男が取得し、長女に代償金7000万円を支払い、平等に分割する場合

	財産明細	評価額	長男	長女
1	土地	1億円 （時価1億2000万円）	1億円	―
	小規模宅地等の特例	―	▲8000万円	―
2	建物	2000万円	2000万円	―
3	預貯金など	2000万円	1000万円	1000万円
代償財産の価額			▲6000万円	6000万円
課税価格		7000万円	0 （マイナスの場合は0）	7000万円
相続税		320万円	0円	320万円

債務はゼロとします。

そこで相続が発生した場合、長男・長女で財産を共有し、平等に分割すると１４９ページの上表（パターン１）のように相続税が計算されます。

一方、土地建物は長男が取得し、長女に代償分割の代償金７０００万円を支払い、財産を平等に分割すると、１４９ページ下表（パターン２）のようになります（なお、長男から長女へ代償金として７０００万円を支払っているが、代償財産の価額６０００万円は相続税の基本通達によって算出した金額）。

どちらのパターンも、自分の財産を平等に分割していますが、パターン２ではトータルで４５０万円の相続税額が軽減されます。

財産の共有は、のちのトラブルのもとともいわれます。その点、共有せずに税負担を抑えるパターン２のほうが得策です。

なお、長男・長女の相続税負担額を平等にするため、長男から長女への納税資金の移動があった場合、長女に贈与税の課税問題が生じます。

解説 2-7

小規模宅地等の特例②

事業で土地を利用している場合（特定事業用宅地等／貸付事業用宅地等）

小規模宅地等の特例のうち、特定事業用宅地等の特例は、家族経営の企業が相続後も事業を存続できるようにするものです。貸付事業かそれ以外の事業（貸付事業に対してそれ以外の事業を特定事業といいます）かで、特例を適用できる面積や控除の割合が異なっています。

◉家族経営の会社を守る

特定事業用宅地等に該当する場合は、**400㎡までは評価額を8割減額できます**。面積が400㎡以下なら、評価額が1億円でも相続時の課税価格に算入される金額は2000万円に減額できるので、大きな納税負担を回避し、事業を続けていけます。

特定事業用宅地等の特例の適用要件は、事業を故人本人が営んでいたか、土地の所有者と生計を一にする親族が営んでいたかで異なります（次ページ下表）。

貸付事業用宅地等に該当する場合、**200㎡までは評価額を5割減額できます**。ここでの貸付

＼小規模宅地等の特例② 特定事業用宅地等／

A：特定事業用宅地等

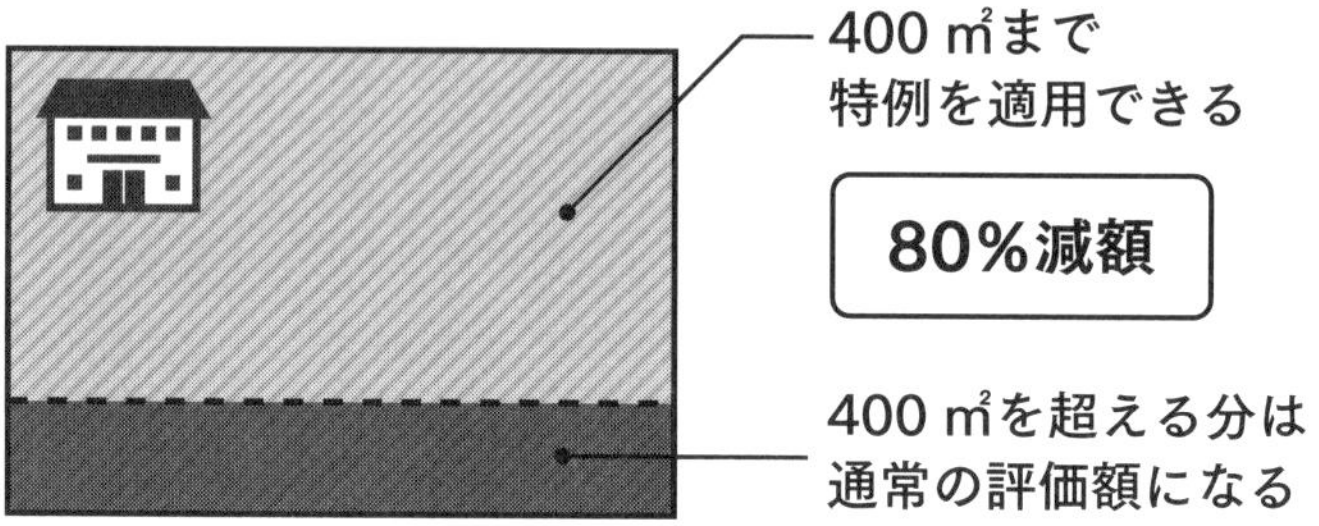
400㎡まで
特例を適用できる
80%減額
400㎡を超える分は
通常の評価額になる

B：貸付事業用宅地等

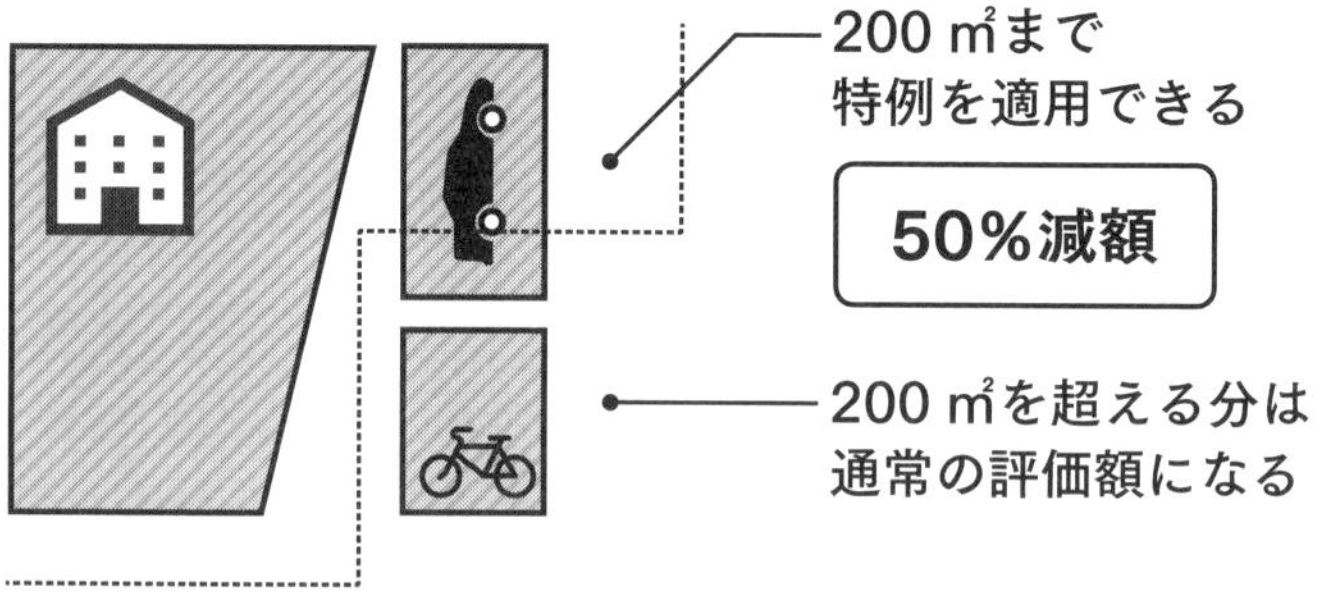
200㎡まで
特例を適用できる
50%減額
200㎡を超える分は
通常の評価額になる

A・Bの適用要件

	故人（被相続人）が経営	被相続人の生計一親族が経営
事業承継要件 （事業を引き継ぐ）	事業を相続税の申告期限までに引き継ぎ、かつ、申告期限までその事業を営んでいる	相続開始の直前から相続税の申告期限まで、その事業を営んでいる
保有継続要件 （物件を所有する）	申告期限まで保有している	申告期限まで保有している

※「事業」とは、特定事業用宅地または貸付事業用宅地に係る事業をいいます。

事業とは、不動産貸付業、駐車場業、自転車駐車場業などを指します。

なお、相続税の申告期限までに相続人が事業を継承したうえで申告をしないと、適用できません。また、故人の生前に相続人が相続時精算課税制度で事業用宅地等を贈与されていた場合も、この特例を使えません。

◉土地を自宅・事業兼用で利用している場合

家族経営の場合、店舗兼自宅というケースが少なくありません。その場合、店舗兼自宅の敷地については、それぞれの床面積で振り分けて、**自宅部分には特定居住用宅地等、事業に使っている部分には特定事業用宅地等の特例を、それぞれ適用できます。**

たとえば、敷地300㎡の3階建てビルの1階で家業を営み、2階と3階を自宅にしているとしましょう。振り分けると、3分の1の100㎡は特定事業用宅地の特例、200㎡は特定居住用宅地の特例を適用できます。

なお、この2つの特例を併せて使う際には、合計で**730㎡まで**が限度面積となります。次ページの3階建てビルの例では、敷地面積が合計で300㎡なので、問題なく両方の特例が適用できます。

＼ 小規模宅地等の特例② 店舗兼自宅の場合 ／

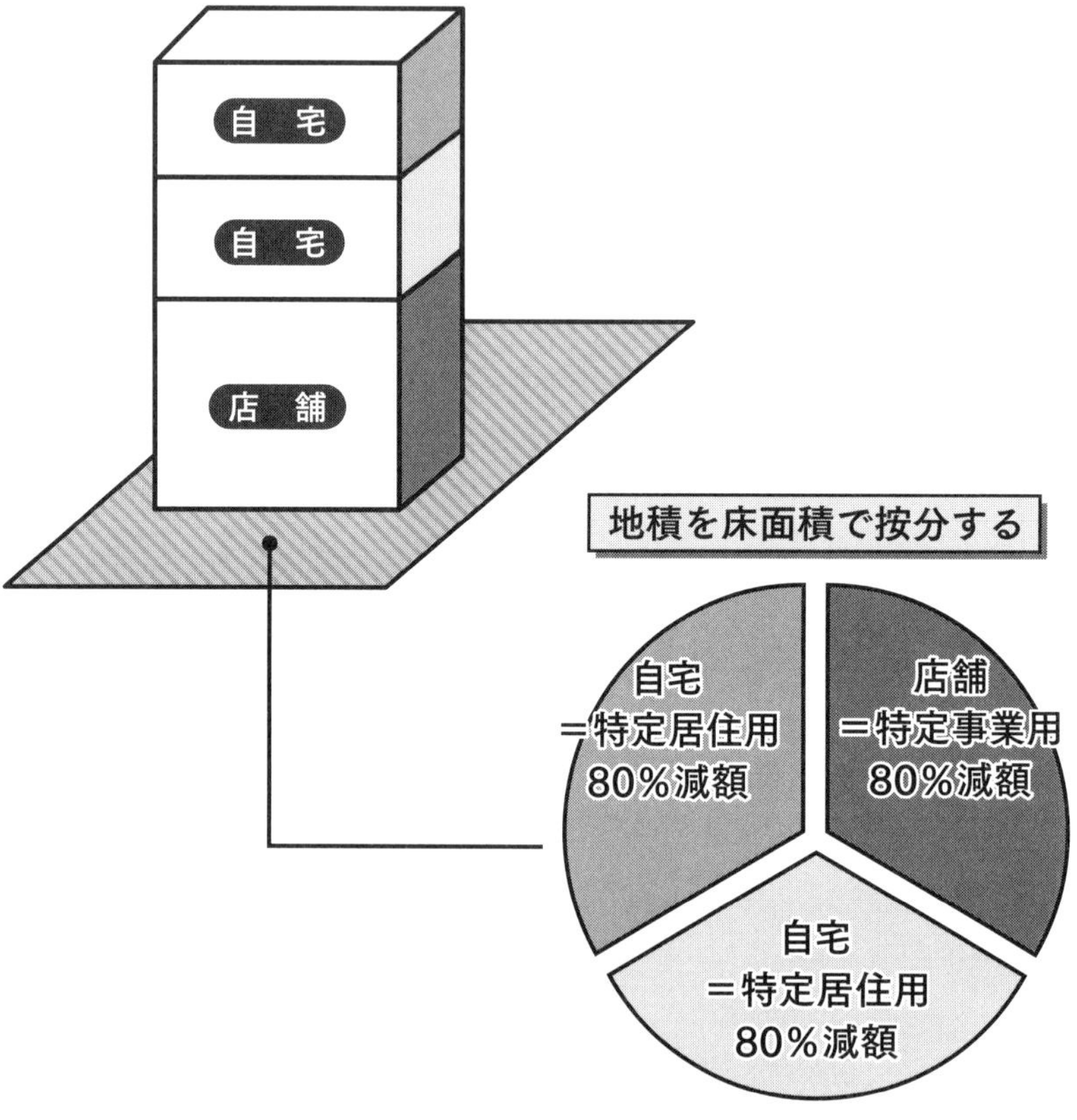

特例が適用できる限度面積

○特定事業用宅地 ≦ 400㎡

○特定居住用宅地 ≦ 330㎡

両方を選択する場合は合計730㎡まで

解説 2-8

土地を分けて節税することもできる

登記簿上で土地を2つに分けることを**土地の分筆**《ぶんぴつ》といいます。分筆後の土地は、所有者の名義は同じで、登記だけ別という状態になります。この分筆を相続税対策に用いることもできます。というのは、道路にどのように面しているかによって、路線価で評価する際の画地調整が変わり、評価額が変わってくるからです。

◉なぜ土地を分けると節税できるのか

たとえば角地を持っていた場合に土地が1つにまとまっていると、画地調整で側方路線影響加算が入り、割高になります。

しかし、土地を2つに分けると、角地でなくなったほうには側方路線影響加算が入らなくなるので、評価額を低く抑えられます。

2本の道路にはさまれた土地も、それぞれ1本にしか面さないように分ければ、二方路線影響

＼ 土地を分筆して評価額を下げる ／

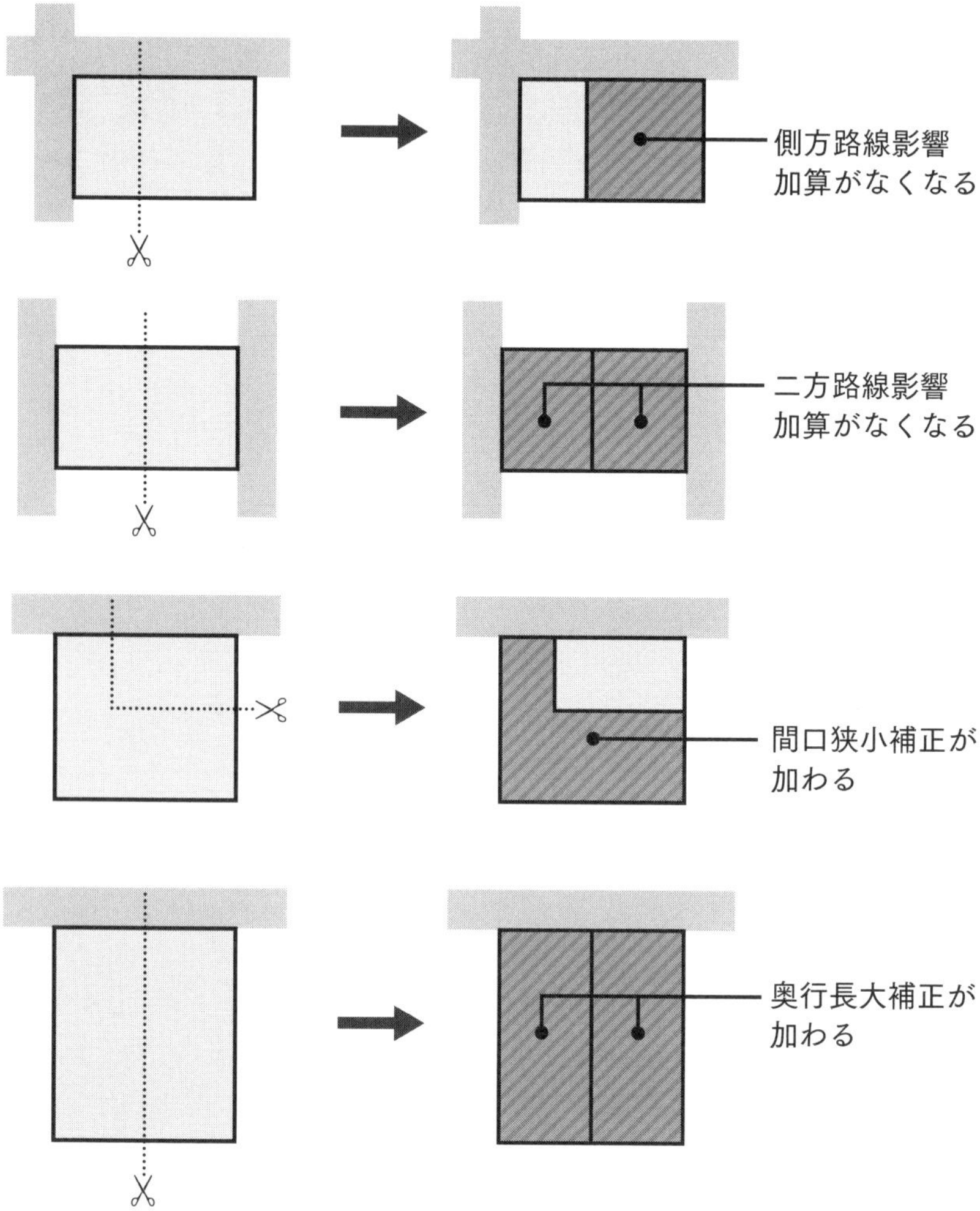

分筆をしても、利用状況が
同一であれば、一体評価となる

加算の補正が加わらなくなります。また、1本の道路だけに面している土地も、分けて片方を旗竿地にすれば、間口狭小補正で評価を下げられます。

このように、土地を分けて形状を変えれば、より多く減額される土地に変更でき、評価額が下がって節税につながります。

土地の分筆は更地でなくてもできます。つまり、その土地に自宅など建物が建っていても分けられます。

ただし、分筆した土地が一体として利用されている場合は、分筆前の土地を一画地の土地として評価します。

なお、むやみに土地を分けてしまうと、いざ相続が発生して遺産分割をおこなうときに、複雑にならないとも限らないので、不動産の相続に強い税理士など専門家の意見を聞きつつ実行しましょう。

解説
2-9

農業を継続する場合は「農地の納税猶予」の特例を活用する

◉専業農家のための救済特例

農地の納税猶予とは、農業を営む人に対する特例で、**相続人が農業を継続する場合、農地にかかる分の相続税を猶予する**というものです。

農家にとってはきわめて大切な特例で、専業農家のほとんどは、この特例を適用することを前提に農業を続けています。節税効果という以前に、この特例がなければ広い農地への相続税負担が重すぎて、農業を続けられなくなります。

なお、相続人となる人が相続時精算課税制度で農地を贈与されていた場合は、その部分については特例を適用できません。

◉農業を続けられる確証がない場合は十分に検討を

注意しなければならないのは、課税時に控除される他の特例と異なり、この特例はあくまで**納税の猶予**であるという点です（原則として、農業相続人が死亡した場合、または申告期限から20年農業を継続した場合等の「免除事由《めんじょじゆう》」はある）。相続人が農業をやめたり一定規模以上の農地を売却したりした場合は、その時点で猶予は解かれ、利子税とともに納税しなければなりません。利子税は相続したときから計算されますから、相応の負担額になります。

都市近郊の小規模農家など**将来農業を続けられる確証がない場合は、今節税できるとしても、この特例を適用するかどうかは十分に検討したほうがいいでしょう。**猶予が解かれたときの負担を考慮し、特例を適用せず、農地の一部を売却して納税に回すという選択肢も考えなければなりません。「都市部の農家で相続が起きたら、マンションが建つ」とよくいわれますが、これは「特例を適用しない」という選択の表れです。

なお、生産緑地指定の解除は相続時にも可能なので、場合によっては選択の1つに加えてみましょう。生産緑地の指定が解除されると、農地ではなく宅地になるので、これまで述べたさまざまな特例や控除のテクニックを使えるようになります。

PART 3

じつはココがむずかしい？
相続が始まったときの
相続財産の分割

トラブル事例1

分ける資産が少なく、等分にできない

Nさんの資産は、自宅として使用している土地家屋と預貯金を合わせて、3000万円です。相続税の基礎控除の範囲内におさまるので税金は心配していませんが、3人の子どもに財産をどう分けるかで悩んでいます。

財産の半分は、自宅にしている土地家屋です。これを同居している長男に遺したいのですが、そうなると、次男・三男の取り分が減ってしまいます。

子どもたちには、自分が亡きあとも仲よくしてもらいたいと思っているNさん。トラブルになるような要素を残したくないのですが、どうすればいいでしょうか？

こうすれば解決

生前の遺産分割の話し合いでトラブル回避

Nさんのような事例はごく一般的で、相続まで問題を放置すると、争いが起きるおそれがあります。相続の争いは、遺産の多さと関係なく、どこの家でも起こりうるものです。

Nさんのような場合、長男に自宅を遺せば次男・三男に不公平ですし、均等割りに自宅を分ければ、住んでいる長男に不満が生じます。どんなかたちを「公平で適切」とみなすかは、それぞれの立場や考え方などにより違います。

このようなときは、1人で悩んでいてもしかたありません。**親子全員で、生前に分割の話し合い** ⬇解説3-1 をしておくといいでしょう。

もし、自分が「長男には自宅を遺したい。次男と三男の取り分は減るが、それは我慢してほしい」と思っているのであれば、その自分の思いを伝えるといいでしょう。それで納得してもらえれば、それでよし。

そのときに納得してもらえなくても、話し合う機会があれば、それぞれが納得のいく落としどころに向けて話し合いを進めていくことができます。

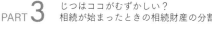

トラブル事例2

土地が先代名義のままで売却できない

Oさんたち兄弟が、高齢の父の相続財産となる資産を洗い直したところ、実家の土地の一部が亡き祖父名義のままになっていることが判明しました。

戦前に祖父が隣家から買い足した部分が、祖父から父への相続のときに見落とされ、今に至ったようです。

Oさんは、実家の土地は父が他界したあと第三者に売り、売却代金を弟と分ける予定でした。こうなると、まずは祖父名義の土地の登記を父名義にしておいたほうがよさそうです。

とはいえ、このように登記を放っておかれた状態では、いったい何から手をつければいいのか、と困っています。

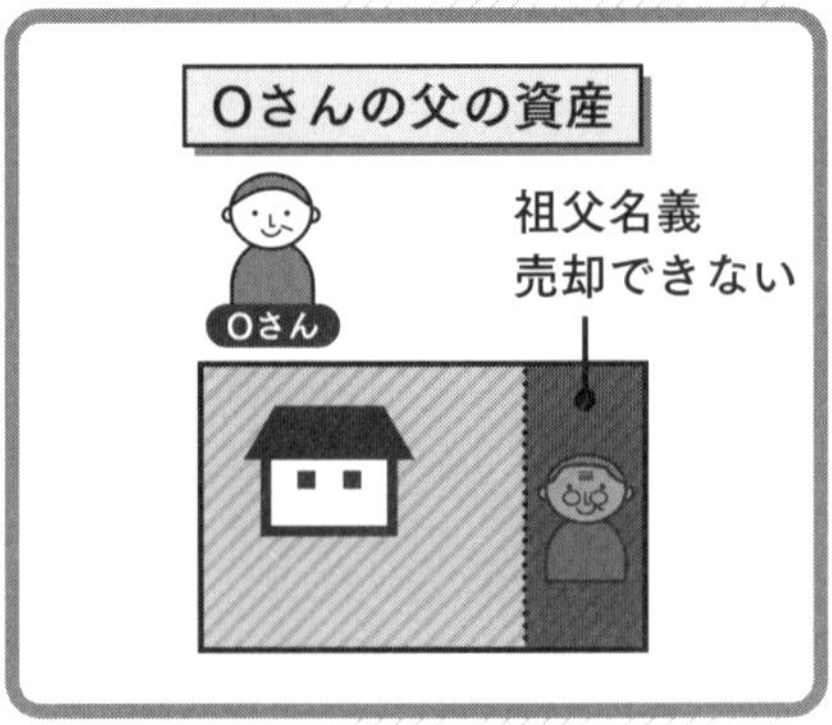

こうすれば解決

前回の相続人と話し合い、権利を確定しよう

この事例の問題の土地は、祖父の相続人全員の共有財産 ⬇解説3-2 の状態になっています。所有者を確定するためには、父の代の相続にさかのぼって**遺産分割協議**をおこなわなければなりません。

まずは、前の相続の法定相続人全員を洗い出します。父の兄弟が故人になっている場合は、代襲相続人や再代襲相続人が該当します。

遺産分割協議は原則として相続人全員が参加する必要がありますが、**電話で話し合ったり協議書（案）を郵送したりして確認する方法も有効**です。

Oさんのケースでは、土地が父のものと認められれば、父の亡きあと、Oさんたちが代襲相続し、通常の相続の手続きに移ります。

分割手続きがなされていない先代名義の不動産がある場合は、時間が経つにつれて、その権利者も増えていくことが多いので、早めに整理しましょう。

なお、2024年4月から、相続によって不動産を取得した相続人は、そのことを**知った日から3年以内に**相続登記の申請をおこなわなければなりません。また、2024年4月以前の相続についても、相続登記の申請義務の対象となります。

トラブル事例3

節税目的で孫を養子にし、家族の反感を買う

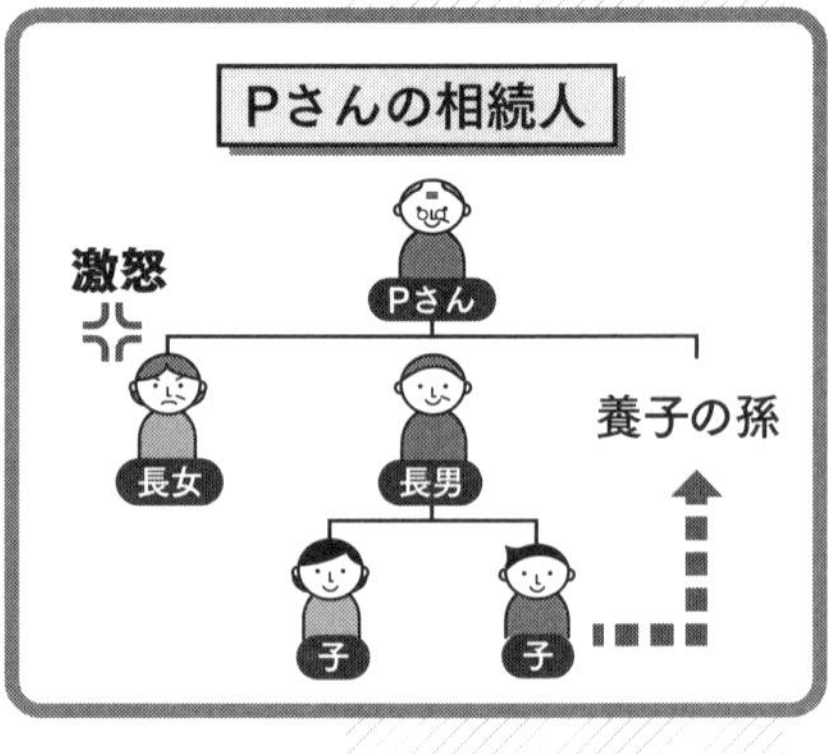

Pさんは相続税対策の一環として、孫養子をとることにしました。法定相続人が1人増えるごとに、基礎控除の枠が600万円広がると知ったからです。

長男には子どもが2人いますが、姉夫婦にはいません。そこでPさんは、長男の息子を孫養子にして、基礎控除の枠を600万円増やし、結果として、相続税はかからないことになりました。

しかし孫養子のことを知った長女の反感を買ってしまいました。孫が相続人に加わることで、彼女の相続分が減っていたからです。

このようなトラブルを避けるためには、どうすべきだったのでしょうか。

こうすれば
解決

養子縁組の前に、相続人全員に了解を取っておこう

相続税の計算において法定相続人に養子を含める際には、故人に実の子どもがいる場合は1人まで、故人に実の子どもがいない場合は2人まで法定相続人に認められます。

孫養子の縁組は、節税対策としてしばしばおこなわれています ⬇解説3-5。これは、相続人が増えれば基礎控除枠が広がり、いつかは孫に渡る財産だから問題ない、という考え方があるからです。

しかし、問題もあります。孫が相続人に加わる分、権利上、**本来の相続人の取り分が減る**のです。いくら節税できても、それで相続人がもめるのであれば、あまりいいものではありません。

Pさんのような場合、孫養子をとる前に、**本来の相続人である子どもたち全員との話し合い**が必要です。基礎控除の額を増やすための孫養子ですが、相続税を回避する他の方法がある場合も考えられるからです。

話し合いの結果、孫養子を選択した場合も、長女の取り分はほとんど変わらない状態にするなど、不公平感を抱かないような遺産分割を遺言として示しておけば、その遺言が優先されるため、もめることはありません。このケースでは、手軽にできる節税策を優先し、家族間の話し合いを怠ったことが最大の失点だったといえるでしょう。

トラブル事例
4

母の二次相続で多額の相続税が発生

Qさん兄弟は、5年前に父を亡くしています。その際、父の配偶者である母が相続した分は相続税がかからないと知り、財産のすべてを母に相続してもらいました。結果的に、Qさんたちの納税負担はゼロで済みました。

しかし、今度は母が亡くなり、母の財産を調べてみたところ、思った以上の相続税がかかることがわかりました。弟は「前の相続で法定相続分どおりに分けていたほうが、節税できたんじゃない？」と、不満を並べます。

5年前の相続で深く考えなかったことに後悔しきりです。こうならないためには、どうすべきだったのでしょうか。

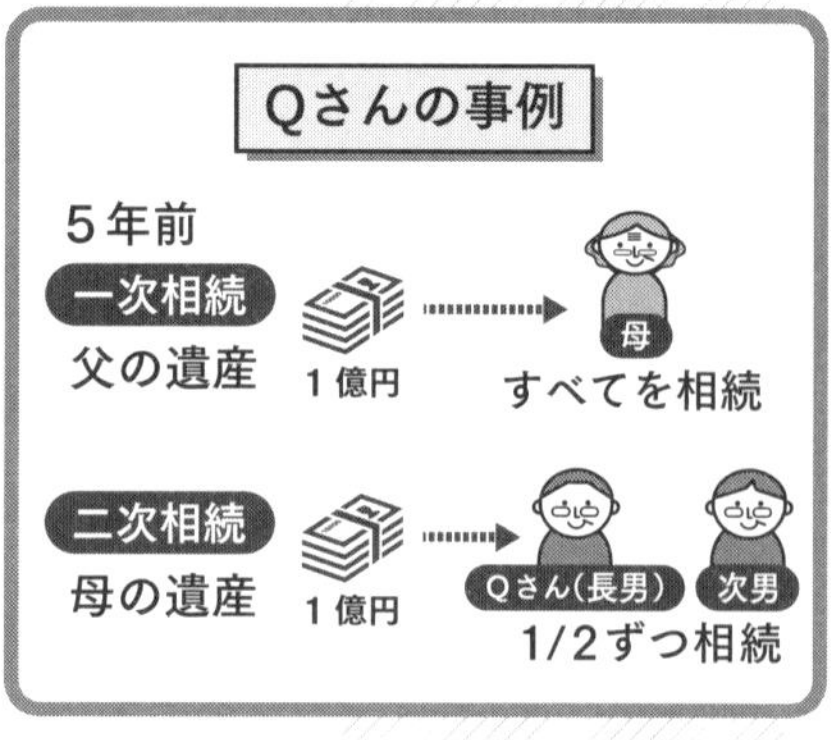

こうすればよかった

二次相続を考慮しながら、最初の相続を進める

このトラブル事例の場合、配偶者の税額軽減により、最初の相続では相続税はゼロ円でした。そして二次相続では配偶者の税額の軽減が使えず、子ども2人の納税額は770万円です。一次相続で法定相続どおりに分けた場合、子ども2人の納税額は315万円ですが、二次相続で子ども2人の納税額は80万円になります。この事例のように配偶者の税額の軽減 ➡解説3-7 を適用し、母が多くの財産を相続（一次相続）すれば、税負担は大きく減らせますが、母から子どもへの相続（二次相続 ➡解説3-6 ）までトータルで考えると、必ずしも良策とは限りません。

相続人の数や遺産の総額（配偶者の固有財産額）にもよりますが、Qさんの場合、一次相続を「相続税がかからないように」と安易に考えてしまったため、あとの二次相続で困る結果となってしまいました。

こうならないためには、**一次相続のときに二次相続を見越して分割する**ことが大切です。一次相続でQさん兄弟が一定の財産の相続を受け、その財産をお金に換えておけば、二次相続時の納税資金に充てることもできます。

トラブル事例5

土地の相続をめぐり、相続人の間で紛糾した

Rさん兄弟の父は生前いつも、「財産が等しく渡るよう、遺言書を書いているから」と、Rさんたちに言っていました。ところが、相続が発生して遺言書を確認したところ、「それぞれに遺産の3分の1を相続させる」とのみ書かれ、誰に何を渡すかは具体的に書かれていませんでした。遺言書としては、まったく用をなさないものだったのです。

現預金ならばどうにか等分にできますが、不動産については、たとえ価値が等しかったとしても、広さも所在地も異なり、使い勝手もずいぶん違います。

当初Rさんたちはよりよい決着点を目指して話し合っていましたが、協議が長びくにつれ、いい土地を自分のものにしたいなど、それぞれが主張し合うようになりました。結局、申告期限が来ても遺産分割協議が終わらず、さまざまな相続の特例も使えなくなってしまいました。

こうならないためには、どうすべきだったのでしょうか。

Rさんの事例

こうすればよかった

遺言書では「渡す財産」と「相手」を指定しておく

遺言書は、自分の意思を死後に残すことができる優れたツールです ⬇解説3-8 。しかしその内容があいまいだと、かえってトラブルを引き起こします。遺言者の真意を忖度するうちに、相続人同士の話し合いの方向がわからなくなり、ささいなことで争いに発展します。

相続争いというと「欲をかいた人たちが起こすこと」とイメージしがちですが、実際は、亡くなった人の意思をつかみかねて、困惑したあげくのことが少なくありません。

これを避けるには、遺言書に「等分」に分けるという意思を、誰に、何という財産を、いくら相続させるかについて**具体的に記述しておく**ことが欠かせません。遺言書は相続させる財産とその相手を、明確に1対1で対応させるものにしましょう。

相続の発生から相続税の申告期限までは10か月しかありません。ＰＡＲＴ1～2で述べた相続の特例の多くは、期限までに申告しないと適用を受けられません。

また遺言書には、指定した財産以外があった場合の受け皿として**「その他一切の財産は〇〇に相続させる」**と**記載すること**も忘れないようにしましょう。

トラブル事例6

遺言書の内容に不信感が募る

Sさんの父が亡くなったあと、父と同居していた兄が、父の遺言書だという手書きの書面を出してきました。確かに父の筆跡であり、内容は「兄に自宅と預貯金のすべてを相続させ、Sさんには自宅以外の不動産のすべてを渡す」というものでした。

額面上は差がないように見えますが、Sさん分の不動産は収益がないうえ、古い空き家が建っていて撤去しないと売れないので、取り壊し費用がかかります。

さらに、納税資金も別途用意しなければなりません。父は気が回る性格でしたから、そんな不公平を書き残すわけがないとSさんは思うようになりました。

また、Sさんは、遺言書の作成日付も気になります。その頃の父には、認知症の症状が出始めていたからです。兄は「頭がはっきりしているときに書いたんだよ」と説明しますが、本当に父の意思なのか、Sさんの不信感は募るばかりです。

Sさんの父は遺言書に不信感を持たれないようにするため、何をすべきだったのでしょうか。

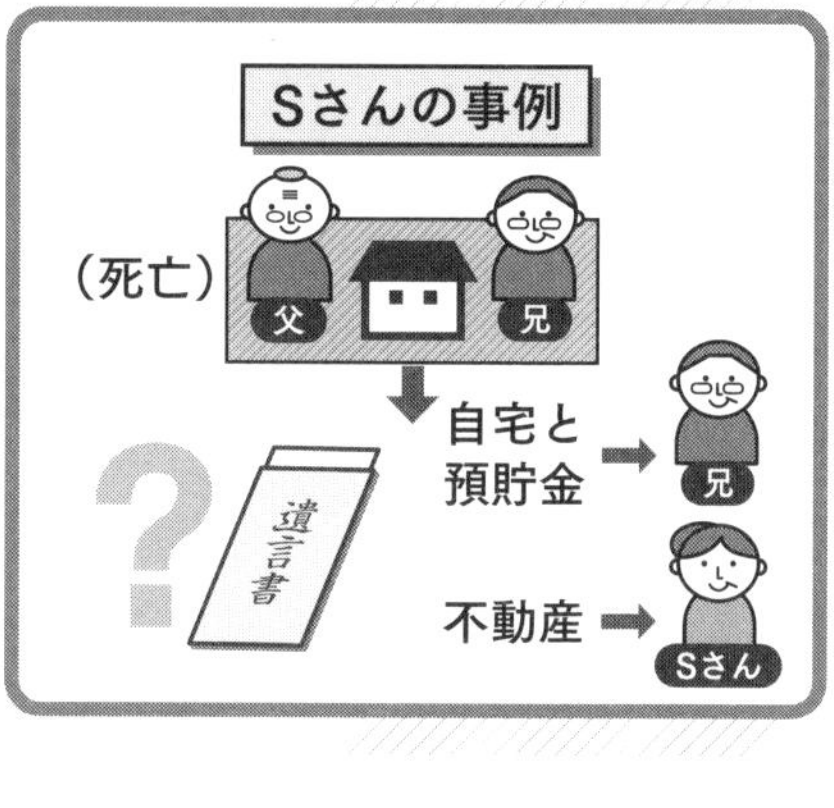

こうすれば
よかった

公証役場で遺言を保証してもらおう

遺言書は遺産分割より優先され、これをくつがえすには、相続人全員が合意して遺産分割協議書を作成するか、裁判を起こすしかありません。それだけの力を持つ書面なので、「はたして本物だろうか？」という疑いが生じると、相続人たちに疑心暗鬼が生じ、スムーズな相続が望めなくなります。

これを防ぐためには、**公正証書遺言《こうせいしょうしょゆいごん》** ⬇解説3-9 にしておけば、確実に故人の意思だと証明でき、相続人である兄妹の間に疑心暗鬼が生じることはありません。相続発生まで内容を秘したい場合は、**秘密証書遺言《ひみつしょうしょゆいごん》** ⬇解説3-9 というかたちもとれます。

公証役場に頼めば費用はかかりますが、その費用をかけてでも、「確かに故人の意思だ」と明確になることに意義があります。

なお、認知症になった場合には遺言書を作成しても効力がありません ⬇解説3-10。その点は注意しておきたいものです。

トラブル事例7

遺言書の内容が著しく偏っている

　Tさんは、結婚問題で父との仲がこじれ、しばらく実家と疎遠になっていました。しかし、子どもの誕生を機に、母が間を取り持って父と仲直りすることができました。その直後、父が急な病で他界し、相続を迎えることになりました。

　父の遺言が公開されたところ、Tさんには何も遺していませんでした。日付を見ると、仲直りできていなかった頃に作成されたものでした。

　母は、「お父さんはあんな遺言を書いたのを後悔していて、『書き直す』と話していた」と言いますが、それが真実かどうか今では証明できません。兄弟たちは「結婚であれだけ父を怒らせたのだから、お前の取り分がなくてもしかたない」と、遺産分割協議に同意してくれません。

　遺産のために仲直りしたわけではありませんが、このままでは、父と仲直りしたことまで否定されてしまうようで、Tさんとしては悔しくてしかたありません。この気持ちをすっきりさせる方法はないのでしょうか。

Tさんの事例

こうすれば
解決

兄弟に遺留分の侵害額請求をする

遺言書は故人の意思が書かれたもので、遺産分割では最も優先して効力を生じます。しかし、遺言書が著しく偏った内容の場合には、分割方法を変えることもできます。

遺言に基づく分割の内容を変える方法は2つあります。

1つは、**遺産分割協議**を開いて、相続人・受遺者（遺贈を受ける人）全員の合意のもとに、別の分割方法を決めることです。ただTさんの場合、兄弟が賛成していないので、この方法をとることはできません。

もう1つは、**遺留分《いりゅうぶん》の侵害額請求をする**ことです。遺留分とは故人の兄弟姉妹以外の法定相続人に与えられた権利で、遺言によっても奪うことのできない相続財産の一定の割合の保障分のことをいいます⬇解説3-11。

遺留分の侵害額請求は、別の相続人や受遺者に、Tさんの場合は兄弟全員に、「私の遺留分に相当する額を渡してください」と意思表示すれば効力を発生します。

その後は交渉次第ですが、遺留分は非常に強い権利なので、認められる可能性は大いにあるでしょう。

トラブル事例 8

申告期限がせまるなか分割協議がまとまらない

Uさんの父は突然亡くなりました。相続の準備は何もしていなかったらしく、聞いたことのない不動産の登記簿や内緒でつくっていたらしいUさん名義の預金のほか借用書も数枚出てきて、子どもたちみながびっくりしています。

「とにかくにも、法定どおりに等分しよう」という点は全員一致で決まったのですが、いざ具体的に内容を協議し始めると、どれをどう組み直しても、「それって、本当に公平かなぁ」と言い出す人がいて、どうにも話がまとまりません。

特例の適用を考えて、早く解決して期限内に相続税申告をしたい気持ちは、みな同じです。周りからは「いっそのこと、裁判で解決しちゃえば？」という声もあります。しかし、家のなかの恥を公にするようで、Uさんたちは躊躇しています。

こうなったら、どうすればいいのでしょうか。

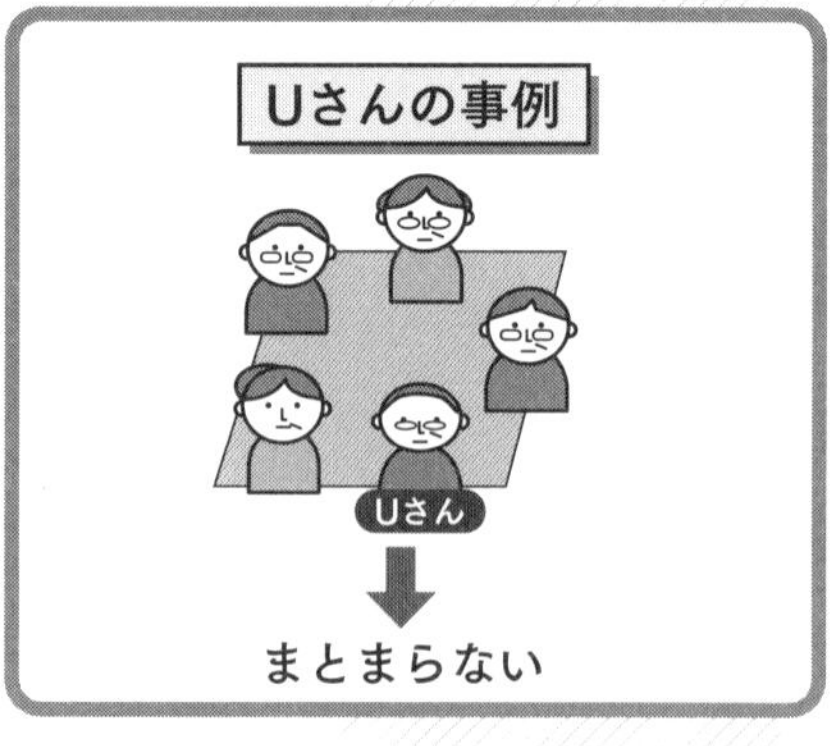

こうすれば解決

調停なら客観的な目で相続を見直せる

協議がまとまらない場合、**家庭裁判所の調停** ⬇解説3-12 を利用するといいでしょう。調停はこれ以上こじれないうちに主張をすり合わせる場です。財産の所在や負債などを明確にしておくことは大切ですが ⬇解説3-3 ⬇解説3-4 、これらがあとになってわかった場合、分割協議はまとまりにくくなります。この事例は、話がこじれたというより、着地点が見つからないというもの。調停というかたちで、客観的な目線を入れて結論を出してもいい状況です。

調停では家庭裁判所の調停委員と、相続人がそれぞれ別に話すので、ぞんぶんに自分の主張を述べ、また、他の人の主張に対しても距離を置いて考えることができます。調停で決まったことには法的拘束力があり、話を蒸し返すことを封じる効果もあります。

ただ注意点として、他の家事事件と異なり、**調停が不調に終わった場合に、終了することはできません**。自動的に審判手続きに移り、裁判官が審判を下します。

なお、調停になり申告期限までに遺産分割が整わない場合は、「**申告期限後3年以内の分割見込書**」を相続税の申告書とともに税務署長に提出することにより、3年以内に分割協議が整ったあと、更正の請求をおこない、特例を利用することができます。

解説 3-1

生前に遺産分割の話し合いをするメリット

◉財産を遺す人の思いが正しく伝われば争いを防げる

相続発生から相続税の申告までわずか10か月。その間に、相続財産の洗い出しから法定相続人の確定、放棄の是非 ⬇解説3-4、遺産分割協議、各種特例の適用が可能かどうかの確認など、すべてを終えなければなりません。

そのためにも、**生前に遺産分割の話し合いをしておくこと**をおすすめします。生前の話し合いならば、財産を遺す人は気持ちを直接伝えられますし、受け取る人はそれぞれの事情を述べ、要望を伝えられます。

相続争いは、誤解や疑心暗鬼のほうが大きな要因になる場合も少なくありません。生前の話し合いでその芽を摘んでおけば、相続人はムダな争いに時間を費やすことなく、建設的なことにその時間を充てることができます。さらに話し合いの内容を書面にしておけば、万が一相続の分割協議がこじれたとき、「あのときはこう結論した」と、解決の方向を示せるでしょう。

＼ 相続開始後の税務関連スケジュール ／

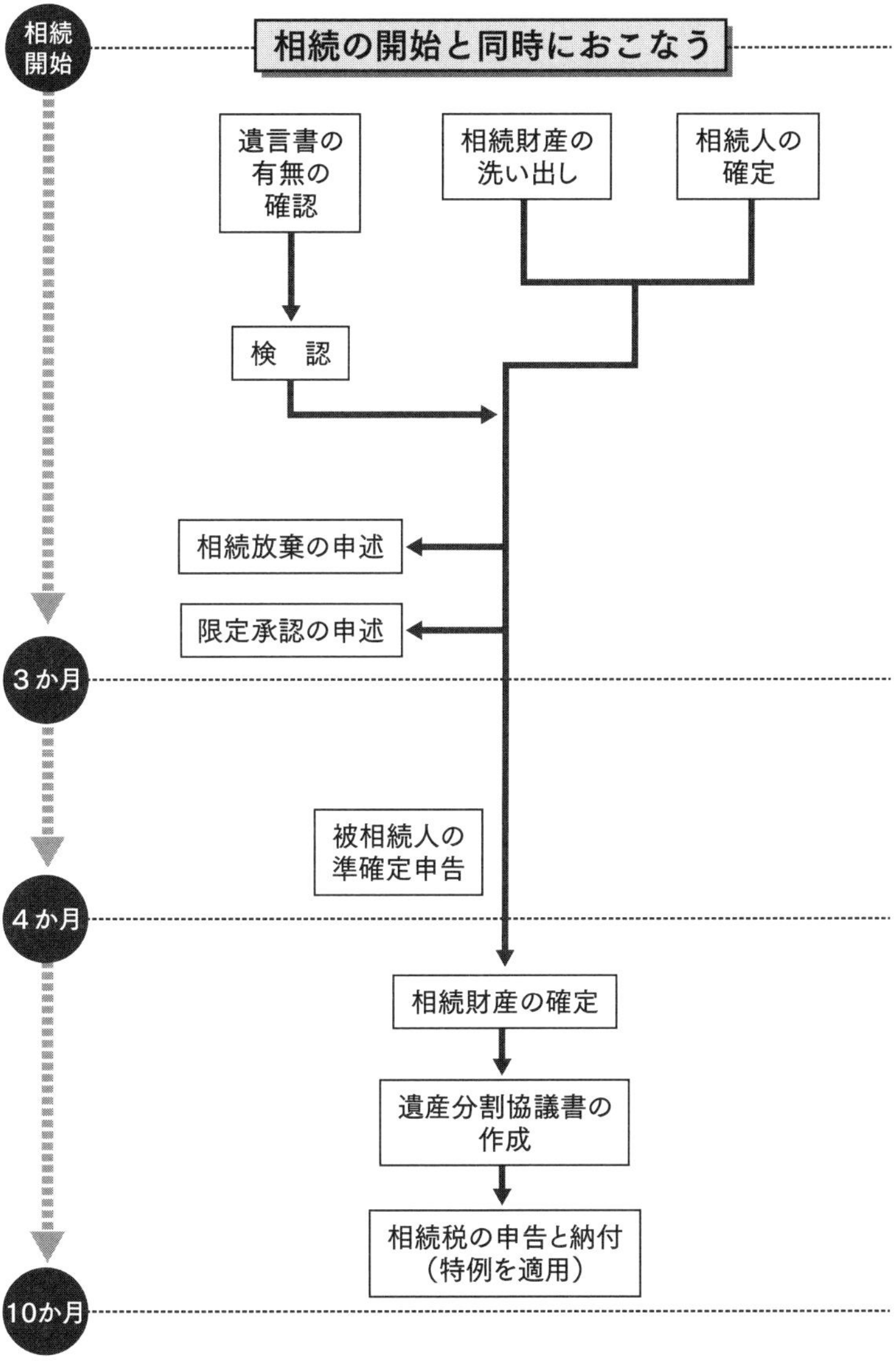

解説
3-2

遺産分割の代表的な3つの方法と利用法

相続を開始すると、**遺産は相続人全員の共有状態**（いわば所有権は相続人にありながら、誰のものでもない状態）になります。

遺産分割は、この共有状態を解消するための手続きで、**共有する相続人全員の合意が必要**です。全員の合意があってはじめて遺産の共有状態は解消され、それぞれの所有に移ります。

◉3つの分割方法

遺産を相続人全員で共有し続けることもできますが、将来めんどうが生じやすいので、分けるほうが無難です。遺産分割では、3つの分割方法が用いられます。適宜併用しながら、全員が合意できる分割を目指しましょう。

①現物《げんぶつ》分割（遺産をそのままの状態で分け合う方法）

不動産は権利を分け合うケースもあります。

デメリットは、現金を除くと公平に分割がしづらい点です。相続財産としての価額は、それぞれの評価額の算式によります。各種の特例が使えます。

②換価《かんか》分割（遺産を売却したうえで、売却額を分け合う方法）

デメリットは、早急に売却のめどをたてなければならない点です。また、売却代金を分割した場合、その分割割合に応じて譲渡所得税の申告が必要になります。

③代償《だいしょう》分割（多く受け取った相続人が、他の相続人に金銭等を渡して不公平を是正する方法）

デメリットは、遺産を引き受ける人に金銭的余裕が必要になる点です。

なお、金銭に換えて不動産等を他の相続人に渡す場合には、譲渡所得税の申告が必要です。

２０２３年4月以降、相続開始から10年経過後の遺産分割については、原則として、生前贈与等を考慮した具体的な相続分ではなく、民法上の法定相続分または亡くなった人が遺言書により指定した相続分によることになりました。このことは２０２３年4月以前に発生した相続についても対象になります（一定の経過措置が設けられている）。

◉代償分割をおこなうケースが増えているワケ

実数は把握できませんが、相続の相談を受けていると、遺産の分割では代償分割をおこなうケースが増えているようです。おそらく財産のほとんどが自宅などの不動産で、現預金が少ないケ

＼ 代償分割を使うケース ／

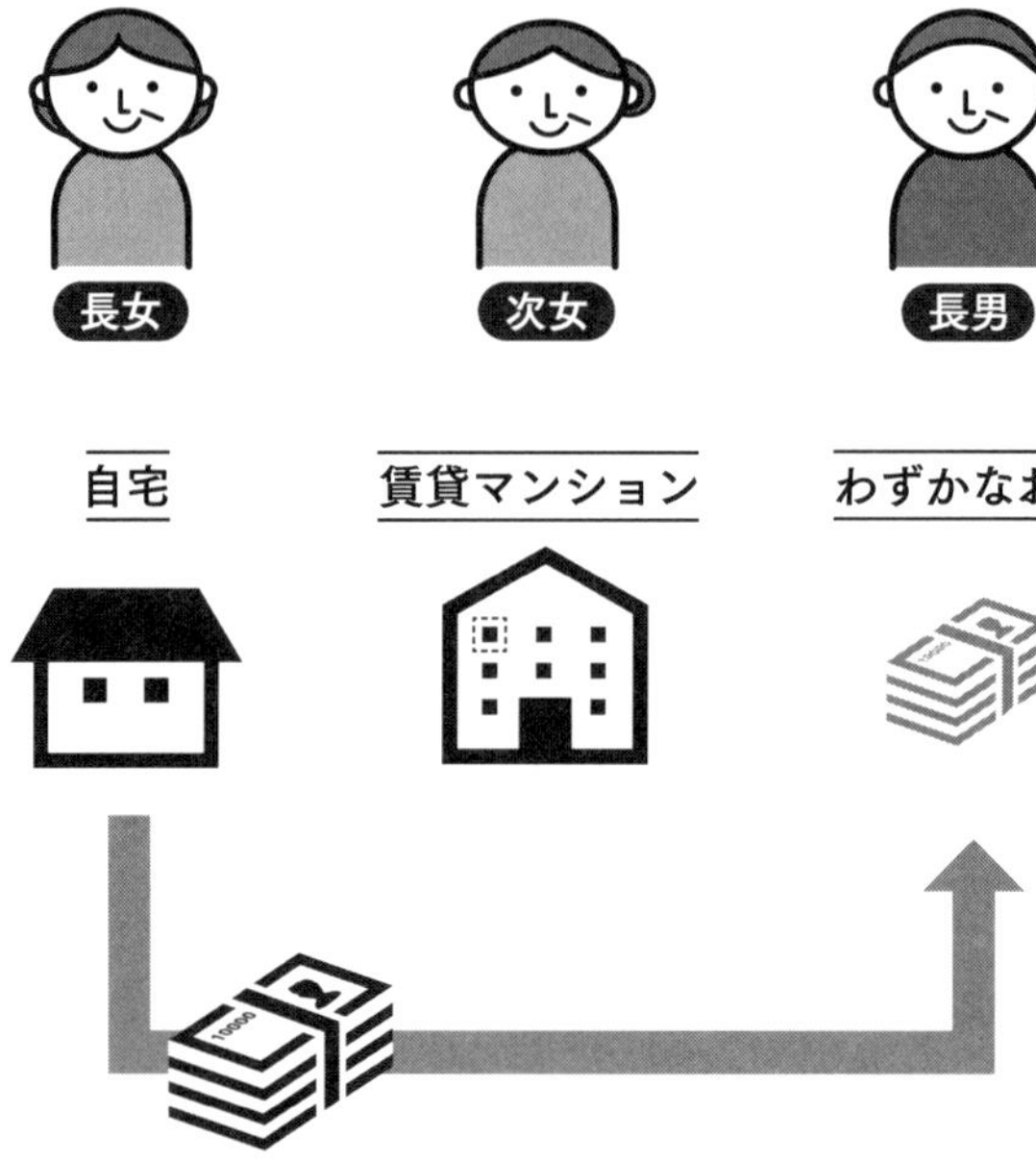

・代償分割でお金をわたす
・生命保険も活用

ースが多いからでしょう。

自分が亡くなると、自宅と賃貸経営マンションで億単位の遺産になるのに、現預金は数百万しかない例もあります。「相続人は長女、次女、長男の3人で、長女と同居しているのですが、長女に自宅を、独身の次女に賃貸マンションを遺贈すると、長男に渡すものがなく、このままではきっと相続人の間で争いが起こる」と心配する人もいます。

このケースでは、長女が小規模宅地等の特例を適用しつつ、不平等を解決する方法の1つとして代償分割が有効です。

ただし、この例では長女に十分な現預金などの金融資産がなければ、代償分割もむずかしくなります。そのようなとき、代償金の資金として、生命保険を活用することも検討するといいでしょう⬇解説1-11。契約者（保険料負担者）と被保険者を自分に、受取人を長女とする生命保険に加入しておけば、自分が他界したときの死亡保険金を長女に遺し、これを代償金として使うこともできます。

想定されるトラブルに対して、代償分割と生命保険を併用した対応ですが、遺言書に「代償分割と生命保険を併用して、長女に自宅を、独身の次女に賃貸マンションを、長男にお金を渡す」ことの内容を正確に記しておけば、生前対策としても有効です。

解説 3-3

故人の財産をもれなく洗い出す方法

本人はもちろん相続人も、自分が亡くなったときに備えて財産の所在と額をはっきりさせておくことが大切です。ここでは、故人の財産の洗い出し方法を見ておきましょう。

◉預貯金の確認

預貯金は、残高を確認する必要があります。ただし、通帳記載の残高ではなく、金融機関に**残高証明書**を出してもらい、確認することが大切です。故人のアカウントがわかれば、オンラインでも確認できます。

口座の存在は基本的に故人の通帳で確認できますが、同居していなかった場合など、通帳がすぐに見つからない場合もあります。相続のための照会では、必ずしも通帳は必要ありません。**故人との関係を証明できる書類（戸籍謄本など）**とともに申し込めば、照会のうえ、口座情報を記載した残高証明書が発行されます。

この申し込みは、その金融機関に口座があるかどうかがわからなくても、故人の口座の有無を調べてもらえます。とりあえず、故人が口座を持っていそうな金融機関に申し込んでみるといいでしょう。残高証明書の発行には数週間かかりますから、通帳を探し出してから照会するより、時間を節約できます。預貯金の評価額は、残高の額面どおりです。

◉有価証券の確認

故人が株などの有価証券を持っていたかどうかは、事業年度ごとに届く**有価証券報告書**などから、取引口座を確認できます。これも預貯金口座と同じく、各機関に**残高証明書**の発行を申し込めば、口座の有無を含めて調べてもらえます。普通の銀行が取引窓口になっている場合は、預貯金の残高証明書に有価証券の情報も含めて記載されます。

有価証券の評価額は、上場株式であれば、次の価額のうち最も低い価額により評価します。通常は、取引口座のある機関が代行してくれます。

- 課税時期の月の毎日の終値の平均額
- 課税時期の前月の毎日の終値の平均額
- 課税時期の前々月の毎日の終値の平均額

自社株など非上場の株式の場合は、会社の規模や事業内容、経営状況を勘案するなど計算が複雑ですから、税理士などの専門家に依頼しましょう。なお、上場株式の株券の電子化により、紙の株券はなくなりました。故人が紙の株式を所有していたとしても、電子化したデータが別途つくられていますので、それを参照すると確実です。

◉不動産の確認

故人が持っている不動産は、**固定資産税の課税明細書**で確認します。不動産があれば基本的には固定資産税が発生するので、所在するすべての市区町村から、固定資産税の納税通知書と一緒にこの課税明細書が送られているはずです。

この書類が見つからない場合は、**可能性のあるすべての市区町村役場で調べる必要があります。**所在地の役場で申請すれば、固定資産税の**名寄帳**《なよせちょう》、つまり故人がその市区町村に有する不動産すべてが記載された書類を入手できます。

相続税の申告時には、所有している不動産すべての**不動産登記簿謄本（登記事項証明書）**が必要になります。これは**法務局**で入手しますが、故人の名前からは登記を検索できません。物件の所在地番で1つひとつ申請しなければならないので、不動産のあるすべての市区町村からあらかじめ名寄帳を入手しておきましょう。土地の評価についてはPART2を参照してください。

◉債務の確認

金融機関からの融資や負債を調べようとする場合、信用情報機関あてに戸籍謄本など相続人であることを証明する書類を提出し、**個人信用情報の開示請求**をおこないます。

・銀行↓一般社団法人全国銀行協会
・クレジット会社↓株式会社ＣＩＣ
・消費者金融↓株式会社日本信用情報機構

金融機関を介さない個人の債務は、遺されている**金銭消費貸借契約書**などから調べます。**債権者からの催告**や**督促状**なども、情報の１つになるでしょう。相続財産から控除するためには、債権者に契約内容を照会し、負債残額を明らかにしなければなりません。

死亡時にあった負債のうち確実と認められる負債のみが、相続財産から控除できます。

解説
3-4

遺産に債務が含まれる場合の対応

◉債務があった場合の選択

相続の対象となる財産は、積極財産（現預金や固定資産などプラスの財産）だけでなく、**消極財産（負債などのマイナスの財産）**も対象になります。負債を相続したくない、あるいは負債を返済しきれない状況にならないように、相続時に遺産を相続するかどうか、相続するならばどのように相続するかを相続人が選ぶことができます。

プラスの財産がたくさんあっても、マイナスの財産も多い人はいます。財産を遺すなら、遺す相手の立場も理解しておきたいものです。

①単純承認

これは積極・消極財産にかかわらず、すべての財産を受け取る方法です。この場合は、すべての負債の返済義務を負います。消極財産が積極財産より多い場合は、相続人の財産から持ち出すことになります。**相続後に何の意思も示さなければ、一定の期間経過後、自動的に単純承認をしたものとみなされます。**

なお、債務については、原則として各相続人が法定相続分により相続することとなり、債権者に対してそれぞれの相続人が返済義務を負うことになります。

②限定承認

これは、負債については積極財産で支払える限りを相続する方法です。

相続人の財産から返済する必要はありません。負債を返済してもなお相続財産が残れば、自分のものになります。

ただし**限定承認は、相続人全員が共同で申し立てる必要があり、反対する人がいれば申し立てはできません。**

③相続放棄

これは相続する権利自体を放棄する方法です。

一切の財産を相続せず、遺産分割協議に参加する必要もありません。また、**相続人全員の合意も必要ありません。**

相続放棄をすると、その人は相続人としては存在しないものとみなされ、子どもなどへの代襲相続もおこなわれなくなります。ただし、相続税の基礎控除額の計算など、法定相続人の数が関わる計算では、法定相続人の1人としてカウントされます。

子ども全員が相続放棄をすると、第二順位の父母が相続人となります。第二順位の父母が相続放棄をすると、第三順位の兄弟姉妹が相続人となります。相続放棄がおこなわれると、相続の順位や他の相続人の相続分にも影響がありますので慎重に判断しましょう。死亡保険金や生命保険金に関する権利などのみなし相続財産については、相続放棄がおよばないので、受け取ることができます。

◉相続放棄と二次相続

限定承認や相続放棄を選んだ場合は、**相続開始を知った日から3か月以内**に、**家庭裁判所**に申述しなければなりません。

相続放棄をすれば、故人の債務を返済する必要がなくなり、それをこちらから債権者に連絡する必要もありません。督促などが入った段階で、家庭裁判所から交付される通知書などを債権者に交付します。

ただ、子どもが相続放棄しても、故人の配偶者（実親）が単純承認で相続していると、二次相続⬇解説3-6の際に、再びその債務を相続することになります。

二次相続でも債務を引き受けたくない場合は、二次相続時にあらためて相続放棄をおこなう必要があります。期限までに申述をおこなわないと、単純承認をしたとみなされ、債務を含めて相続しなければなりません。

解説
3-5

相続における養子縁組のメリット・デメリット

◉養子縁組の3つのメリット

養子縁組とは、親子関係にない人が法律上の親子関係となる制度をいいます。養子縁組には縁組後も実親子関係が存続する普通養子縁組と、縁組により実親子関係が終了する特別養子縁組とがあります。養子縁組をした当日から、実子と同じく相続人になります。

養子縁組のメリットは3つあります。

1つめは、「実子ではないが、財産を相続させたい」という人がいる場合に、**遺産を確実に相続させることができる**という点です。たとえば、世話をしてくれた息子の妻を養子にすれば、遺贈ではなく相続で財産をゆずることができ、遺留分の侵害額請求 ⬇解説3-11 もできるようになります。

2つめは、**法定相続人が増え、相続税の節税になる**という点です。

・相続税の基礎控除額…法定相続人が1人増えるごとに600万円増える

・生命保険金の非課税限度額…法定相続人が1人増えるごとに500万円増える
・死亡退職金の非課税限度額…法定相続人が1人増えるごとに500万円増える
・相続税の総額の計算…法定相続人が多いほど、税率が低くなり相続税の総額が減少する

3つめは、孫を養子にした場合、**相続税を一代飛ばせる**という点です。本来なら、いったん子どもが相続し、その後に孫が相続するので、同じ財産に相続税が2回かかります。孫を養子にすれば、そのうちの1回分を回避できます。

ただし、**孫養子の相続税は2割加算**され、期待したほど相続税が軽減されない場合もあるので、シミュレーションが不可欠です。

◉養子縁組のデメリット

養子縁組のデメリットとしては、**相続争いの可能性が高まる**ことです。実子からみれば、養子が増えたことで、自分自身の相続分が減るからです。

節税のためとはいえ、安易に養子縁組をしてしまうと後々のトラブルのもとになります。事前によく話し合っておきましょう。

解説 3-6

二次相続まで視野に入れた遺産分割の方法

◉二次相続をシミュレーションしておく

二次相続とは、**故人から配偶者に相続された財産が、配偶者の死亡に伴い、実子に相続されることを**いいます。

夫の財産を妻子が相続する場合、節税のために、配偶者の税額軽減の限度額ギリギリまで妻が相続するケースがありますが、二次相続まで視野に入れると良策とはいえません。一次相続より法定相続人が確実に1人減り、基礎控除額が600万円少なくなりますし、配偶者控除も使えませんから、ケースによっては二次相続で子にかかる相続税が大きくなり、一次と二次のトータルで考えるとかえって納税負担が増える場合があるからです。

一次相続で配偶者の税額軽減をどう利用すれば最も節税になるか、**二次相続まで含めてシミュレーションするといいでしょう**。具体的な金額がどうなるかは個別性が強いので、相続税に強い税理士に相談することをおすすめします。

◉相次相続控除を利用する

相続が短い期間に連続して発生した場合は、相続税の負担が重くなるため、**相次相続控除《そうじそうぞくこうじょ》**の制度が設けられています。

相次相続控除とは、**過去10年以内に故人が別の相続で相続税を納めていた場合に、今回の相続税から控除できる**というものです。

連続して相続が発生した場合、同じ財産に立て続けに相続税がかかることになるので、それを避けるために設けられています。

具体的には、前回の相続から1年を経過せずに次の相続が起きた場合、前の相続税額のほぼすべてが控除されます。それ以降に相続が発生した場合、経過年数ごとにおおよそ1割ずつ控除額が減っていくイメージです。

実際は複雑な計算をしますので、相続が立て続けに発生しそうな場合は、税理士など専門家に相談するとよいでしょう。

＼二次相続までトータルで考える相続税シミュレーション／

①相続税の総額を計算する

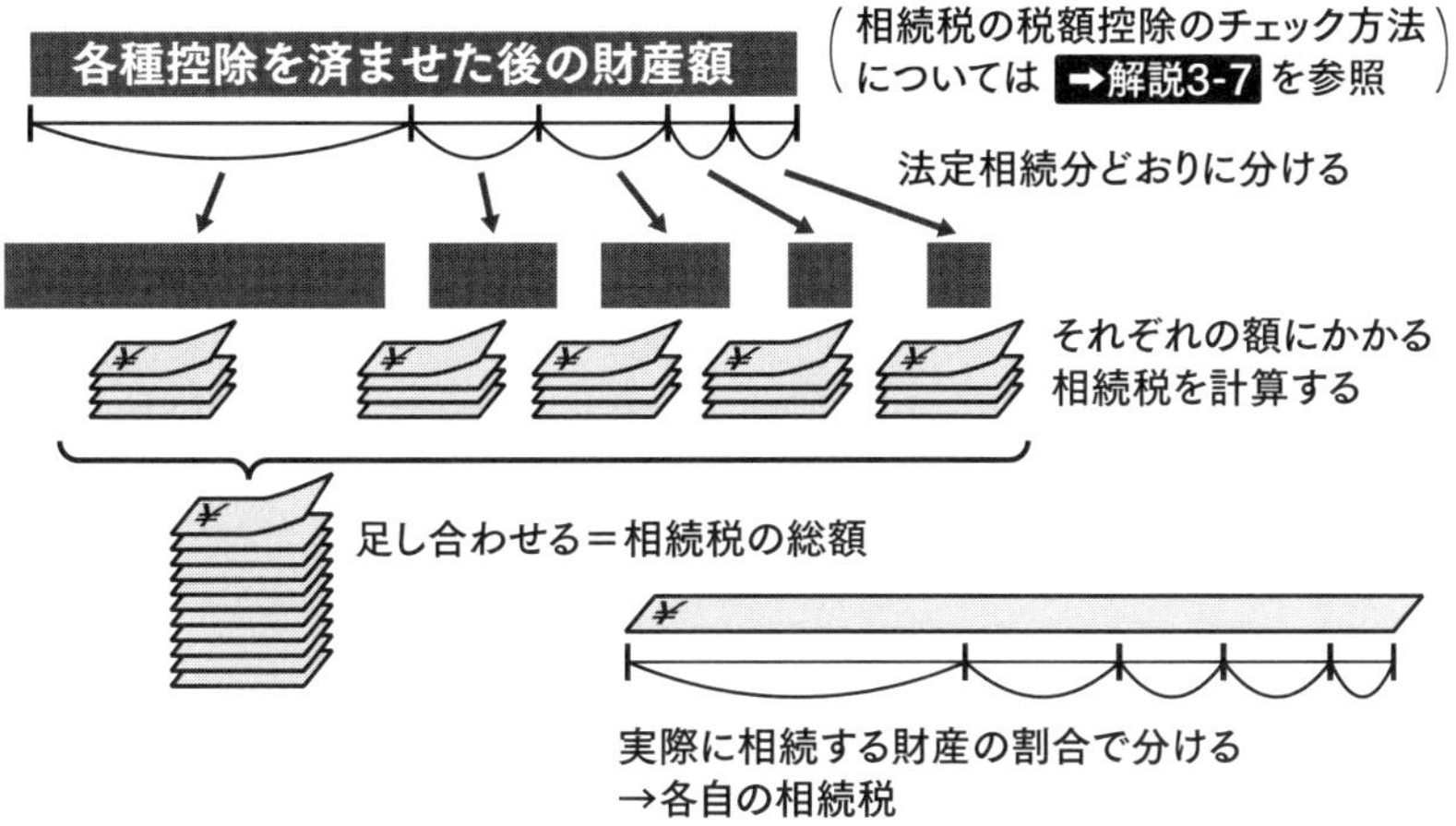

②相続税の総額から財産の分け方を考える

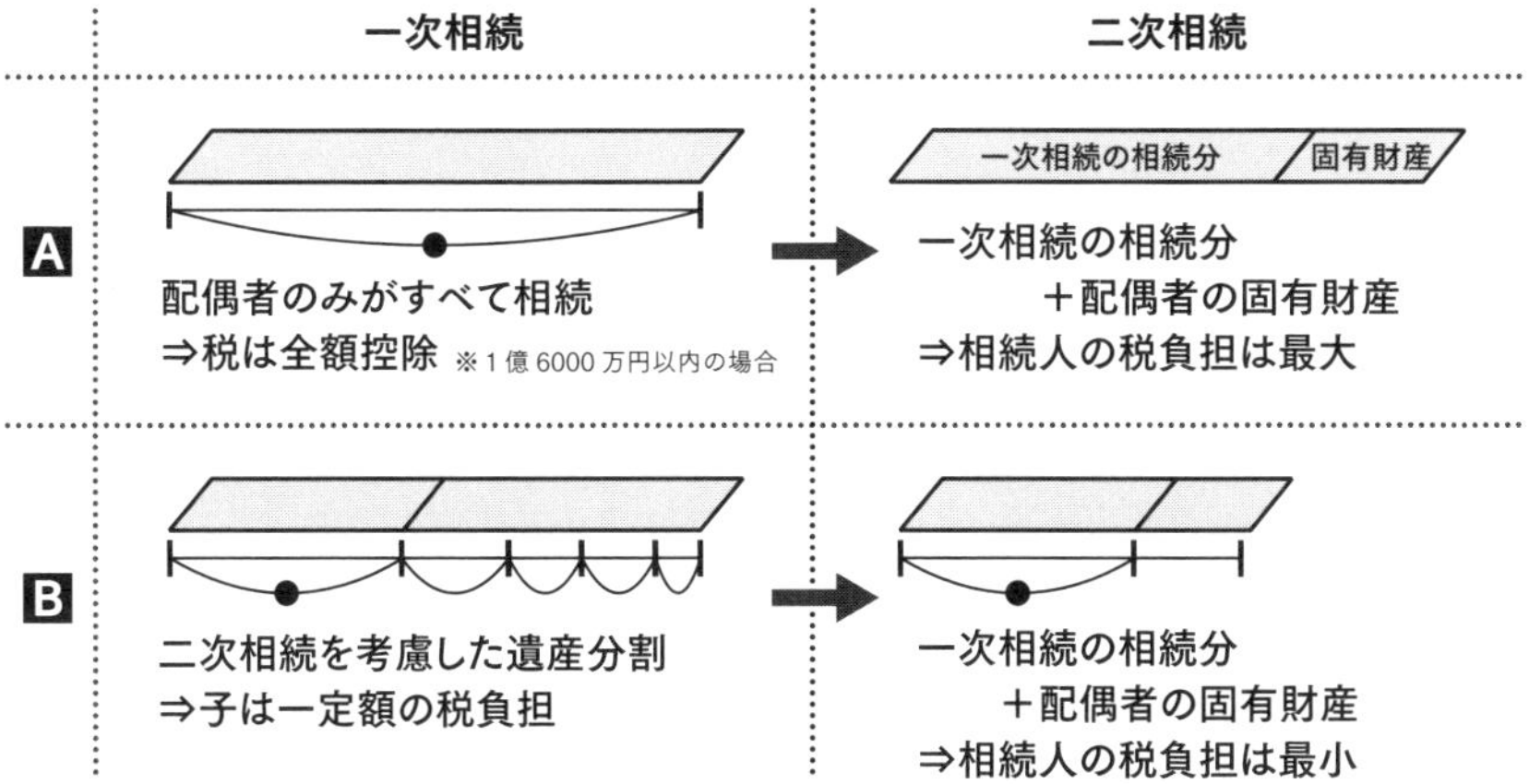

解説 3-7

相続税の税額控除をチェックする

PART1〜2で紹介した特例は、多くの場合、相続財産に加える財産についてあらかじめ減額する方法です。

これに対し、財産を取得した人ごとの相続税額は、相続税の総額を、実際の相続分によって按分し、各人の納税額を算出します。そして、各人の納税額から各種の税額控除額を差し引いて計算します。これを**相続税の税額控除**といい、この控除には**贈与税額控除、配偶者の相続税額の軽減、未成年者控除、障害者控除**があります。

◉贈与税額控除

贈与税額控除は、PART1で解説した「贈与財産の相続財産への持ち戻し」⬇解説1-2と「相続時精算課税制度」⬇解説1-8と関連する控除です。

相続時精算課税制度の適用を受けた贈与財産の価額（2024年1月以後は各年の贈与額か

ら110万円の基礎控除額を差し引いた額）と、暦年課税の相続開始3年間（2024年1月からは7年間）に贈与を受けた財産の価額は、贈与者が亡くなった時の相続財産に加えます。

贈与を受けたときに贈与税を納めていた場合、一度は贈与財産として課税され、相続税額の計算の際に相続財産に加算して課税されることになりますから、二重課税になってしまいます。そこで、**贈与で納めた贈与税額については、相続税額から差し引いて計算します。**

なお、生前贈与加算の対象となった暦年贈与にかかる贈与税額が、相続税額を上回る場合には、**その上回った部分の贈与税額は相続税額から引くことができず、還付も受けることができない**ので注意が必要です。

一方、相続時精算課税制度によって贈与を受けた財産にかかった贈与税額が相続税額を上回った場合には還付を受けることができます。

◉配偶者の相続税額の軽減

配偶者の相続税額の軽減は、同一世代間の財産移転であること、また夫婦間における財産形成の相互寄与や、その後の生活保障を考慮した税額控除です。夫を亡くした妻はもちろん、妻を亡くした夫にも適用されます。

1億6000万円か法定相続分、どちらか高いほうの金額まで非課税で移転できるため、大き

な節税効果があります。

その一方で、通常は次世代に移る財産が同一世代間で移転するため、次の相続までの期間が短くなりがちで、同じ財産に立て続けに相続税が課されるという問題が起きます。

相続税に強い税理士に相談しつつ、最初の相続のときに二次相続への課税もシミュレーションし、どれくらいを配偶者に相続してもらうかを考えたほうがいいでしょう⬇解説3-6。

◉未成年者控除・障害者控除

遺産を相続・遺贈により取得した人が、**未成年者**または**障害者**である場合にも、控除がおこなわれます。この2つの特例で特徴的なのは、その人が納める相続税額が控除額を下回る場合、つまり、相続税額から控除しきれない場合には、**その控除しきれない額をその人の扶養義務者の相続税額から控除できる**、という点です。

注意すべき点は、単に「法定相続人に、障害者や未成年者がいる」というだけで未成年者・障害者が相続財産をまったく取得しなかった場合には、相続税自体が発生しませんから、税額控除は適用されないということです。つまり、未成年者・障害者が受けるべき控除を扶養義務者から全額控除するといったことはできません。未成年者・障害者本人がたとえ少額でも課税されれば、適用できます。

未成年者控除と障害者控除

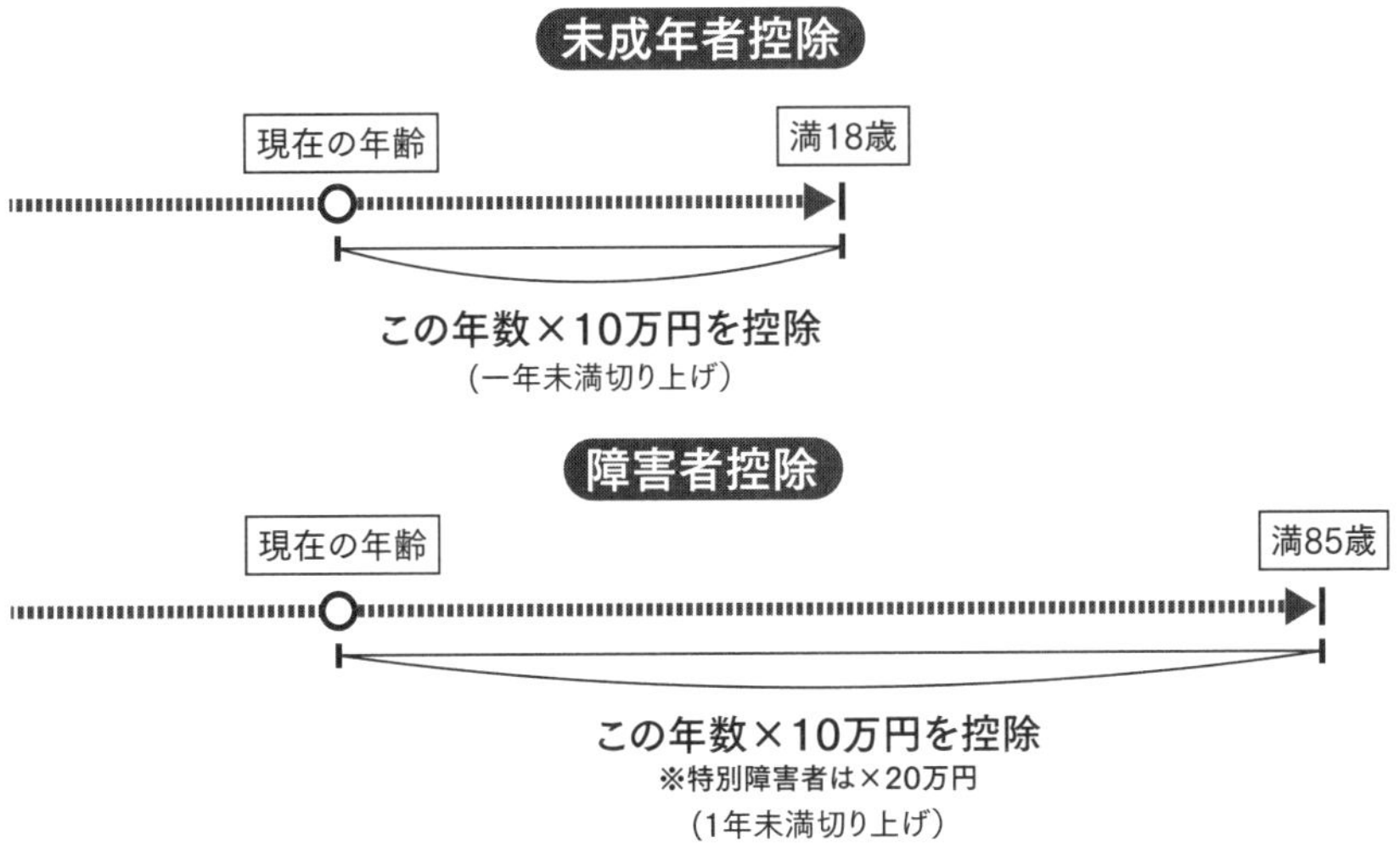
未成年者控除
現在の年齢
満18歳
この年数×10万円を控除
(一年未満切り上げ)
障害者控除
現在の年齢
満85歳
この年数×10万円を控除
※特別障害者は×20万円
(1年未満切り上げ)

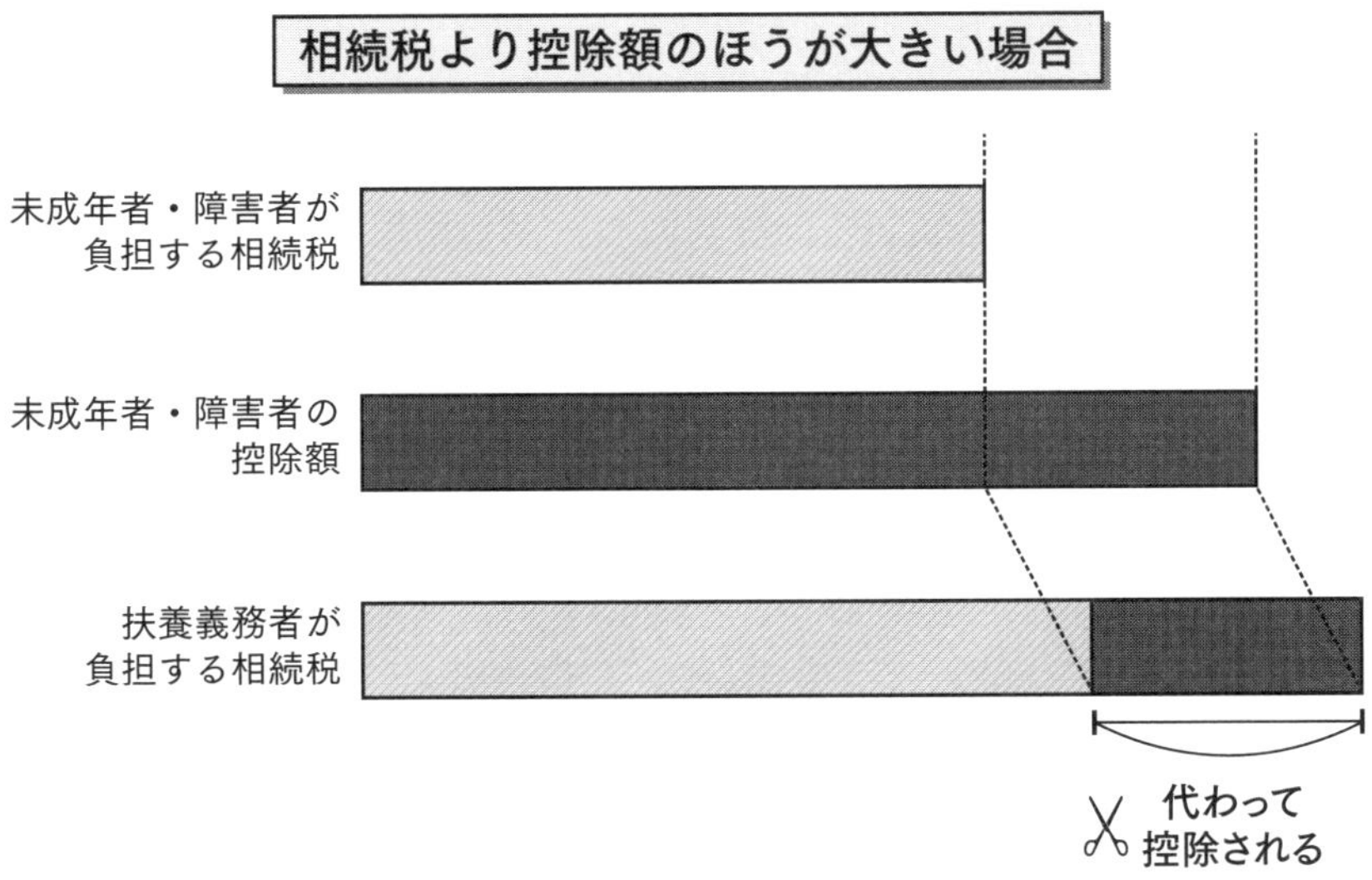
相続税より控除額のほうが大きい場合
未成年者・障害者が
負担する相続税
未成年者・障害者の
控除額
扶養義務者が
負担する相続税
代わって
控除される

また、その障害者または未成年者が、故人の法定相続人である必要もあります。

たとえば、配偶者の連れ子などは法定相続人からはずれるので、この適用を受けるためには、養子縁組で法定相続人になっている必要があります。

解説 3-8

自分の意思を遺言書に書き留める

相続財産は故人が築いたものですから、死後も本人の意思を反映できます。このため、相続においては**遺言書が最も効力を持っています。**

しかし、「遺言すれば、何でも意思を通せる」というわけではなく、以下の項目についてのみ、効力が認められています。

◉効力1　財産の分け方に関すること

①遺産分割方法の指定…どの財産を、誰に、どれくらい（いくら）相続させるかを決められる

財産の1つひとつについて、具体的に挙げたうえで、その相続先として、誰か1人を指定するものです。分割の指示だけでなく、財産の全部、あるいは1つを指定して、その分割を禁ずることもできます。

たとえば、家族経営の企業で自社株をただちに分けないほうがいいケースなど、共有財産の状態でしばらく置いておいたほうがいい財産を指定できます。ただし、遺産分割を禁ずることができる期間は、**相続開始から5年を超えない間**です。

②相続分の指定…相続財産のうち、誰にどれだけの割合を相続させるかを決められる

具体的な財産の行き先を指定する「遺産分割方法の指定」と異なり、「財産の○割を誰それに相続させる」というかたちで、分割する配分を指定できます。

③財産の遺贈…相続人以外に財産を渡せる

遺産は原則として法定相続人に相続されますが、それ以外の人を指定して、財産をゆずることができます。

④担保責任の指定…負債などの担保責任の負担者や負担割合を指定できる

相続財産に担保がかけられている場合に、どの相続人にどれくらい引き受けてもらうか、詳細を指定できます。

◉効力2　相続人の指定や廃除に関すること

⑤相続人の廃除…将来の相続人に遺産を渡したくない場合、名指しで相続権を消失させることができる

廃除の事由は、自分に対する虐待や重大な侮辱をおこなっていた場合や、著しい非行があった場合に限られます。

⑥非嫡出子の認知…隠し子を死後に認知し、法定相続人に加えられる

法律上の婚姻関係のない女性との間の子は、認知がなければ法定相続人になれません。しかし、遺言書で認知すれば、法定相続人に加えられます。

◉効力3　相続手続きなどに関わる助力者の指定

⑦遺言執行者や後見人の指定…相続の手続きや相続人の権利を保護する第三者を指定できる

相続に必要な事務手続きを管理し実行する人、親権者の死亡で未成年の子が残される場合に、その子の財産管理等をゆだねる人を、それぞれ指定できます。

解説
3-9

相続争いをさせない遺言書の書き方

遺言書は本人が自分で字を書くことができ、自分の印鑑を押せる場合はいつでもどこでも作成できます。このように本人が自分で作成する遺言書を、**自筆証書遺言**《じひつしょうしょゆいごん》といいます。

◉書けば効力が生まれるが「署名・押印・作成日」が大事

ただし、作成した書面に自筆証書遺言として法的効力を持たせるには注意が必要です。**すべてが自筆であること**（財産の詳細を示す「財産目録」はパソコンで作成しても問題はない）、**署名・押印してあること、作成日が記してあること**、この3点に関して不備があると、遺言書として無効になる可能性があります。

また、せっかく遺言書をつくるのですから、将来の相続人たちに自分の意思をはっきり伝え、相続争いを防ぐ内容にするべきです。そこで、いくつかのポイントを左の図に挙げました。

意外と相続争いを防ぐ効果があるのが、遺言につけ加える**付言事項**《ふげんじこう》です。たとえば、「なぜ、

＼ 遺言書作成時の注意点 ／

自筆証書遺言の場合

- ●自筆で書く
  パソコン、代筆、コピーは不可。
  財産目録はパソコンでも可
  ※預貯金について通帳のコピーも可
- ●署名と押印をする
- ●作成した日付を入れる

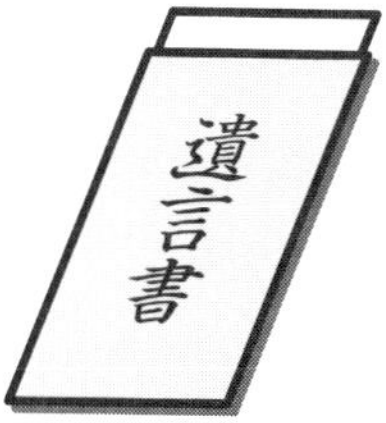

作成の際に留意したいこと

- ●各財産とその相続人を具体的に記す
- ●相続人の遺留分を侵さない
- ●自分の思いも記す（付言事項）

▼

**何よりも自身の判断力が
あるうちに作成しよう！
自筆証書遺言には
保管制度もある！**

このような分割の内容にしたのか」と理由を述べたり、「家族仲よく、家業の発展を祈る」といった希望を記したりするものです。

これらの言葉は、遺言に認められている効力⬇解説3-8とはずれる内容ですから、法的な拘束力はまったくありません。しかし、遺言者の思いがつづられたものであることから、相続人の心に訴えかけ、結果として相続争いを防ぐ効果が少なくありません。

なお、2020年7月から、法務局が自筆証書遺言書を保管する制度が始まりました。

◉第三者に保証してもらえる「公正証書遺言」

自筆証書遺言には十分な法的効力がありますが、「本当に本人の意思に基づくものか」については、書いた人の死後には証明できません。また、法務局に保管してもらうこともできますが、遺言書を自宅で保管していた場合、相続発生後に見つけてもらえなかったり、最悪の場合、悪意のある人により改ざん、廃棄されてしまったりする可能性もないわけではありません。

この弱点に対応するのが、**公正証書遺言**です。

公正証書遺言は本人が遺言内容を伝え、それを公証人が書面にして遺言書を作成し、原本は公証役場で保管されます。本人の意思で作成したことを公証人に保証してもらい、また、相続発生まで遺言書を安全に保管してもらえます。遺言の効力はもちろん自筆証書遺言と同じで、加えて保証もされますので、**自筆証書遺言と比べるとより確実性がある遺言書**といえるでしょう。

記載についても、専門家である公証人が適切なアドバイスをしてくれるので、相続トラブルが起きにくい表現にできます。なお、公証人が「こういう相続にするといい」といった、内容に関わるアドバイスをすることはありません。あくまで「その内容なら、こう書くといい」といったレベルにとどまります。

◉相続まで内容を秘密にできる「秘密証書遺言」

公正証書遺言は公証役場で遺言内容を公証人に伝えて作成し、２人の証人が立ち会い、それぞれ署名・押印します。証人と保証人には守秘義務があるため、内容がもれることはありませんが、なかには「相続までは、誰に対しても遺言内容を秘密にしておきたい」と考える人もいます。

そのような要望に対応するのが、**秘密証書遺言**です。本人が遺言書の書面を作成したうえで、その封印を公証人と証人の前でおこないます。ただし、公証人も書面の内容を知らないので、アドバイス等は得られませんし、内容を確認できないため、**遺言の要件を欠き、無効となる可能性もあります**。また、記載内容をめぐって争いが生じる可能性があります。

なお、当人が「これは自分が作成した遺言だ」と保証したうえで封印するので、自筆証書遺言のように、全文を自筆にする必要はありません。遺言書の保管は、作成した本人がおこないますが、相続発生後の処理を公証人にゆだねることもできます。

◉遺言書の検認

相続発生後、自宅などで遺言書が見つかった場合には、遅れずに**遺言者の最後の住所地の家庭裁判所**に提出し、**検認**という手続きをしなければなりません。

自筆証書遺言書と秘密証書遺言書は、作成した当人が保管していることが多いので、死後の開封や改ざんの可能性があります。そこで、開封前に家庭裁判所にゆだね、遺言の確実性を確認してもらいます。これが検認です。家庭裁判所において、相続人立会いのもとで開封することで、遺言の存在を明らかにし、改ざんされることを防げます。

検認を受けずに開封しても、遺言内容は無効にはなりませんし、開封者の相続権も失われません。ただ、**検認手続きを済ませた遺言書でないと、各種の相続手続き、たとえば不動産の登記や預貯金口座の名義変更の事由として使えなくなります。**なお、うっかり開封された場合でも、開封後に検認を受けられます。

法務局に自筆証書遺言書を保管してもらっている場合は、家庭裁判所による検認手続きの必要はありません。

＼ 自筆証書遺言書の例 ／

遺　言　書

遺言者相続太郎は、次のとおり遺言する。

第１条　妻相続花子に次の財産を相続させる。

(1) 所在　東京都豊島区東池袋●丁目
　地番　●番●
　地目　宅地
　地積　140平方メートル

(2) 所在　東京都豊島区東池袋●丁目●番●号
　家屋番号　123番
　種類　居宅
　構造　木造２階建
　床面積　120平方メートル

> 不動産は、土地と家屋で分け、登記簿どおりに明記することが重要。土地だけ、建物だけの記載は、トラブルの元ともなるので注意しよう

第２条　長女相続和子に次の財産を相続させる。

(1) ●●銀行に対する遺言者名義の下記預金債権
　普通口座　口座番号012345678の全額

前２条　記載の財産を除く遺言者の有するその他一切の財産を、長男、相続一郎に相続させる。

令和５年１月15日

> 必ず日付を入れる

住所　東京都豊島区東池袋●丁目●番●号
遺言者　相続　太郎　㊞

解説 3-10

認知症対策として成年後見制度や信託の活用も検討

高齢化に伴って認知症にかかる人も増えています。そのため、本人に代わって契約を結ぶなど本人の財産を適切に管理し、本人の日常生活を援助する**成年後見制度**《せいねんこうけんせいど》が有効と一般にはいわれています。ただし、成年後見制度は財産を持っている本人の財産を守るための制度で、その人の財産を減らす贈与などの相続税の生前対策をおこなうことは許されていません。

◉生前対策は成年後見人が必要とされる前の段階でおこなう

贈与などの生前対策は、認知症と診断されて成年後見人が必要とされる前の段階、贈与契約を自分が結べる状態でおこなわなければなりません。

認知症になったときと、「遺言」「成年後見」「民事信託」の効力の関係を次ページの図に示します。

＼ 認知症と民事信託などとの関係 ／

	健常時	認知症発症（意思喪失）	死亡時	その後
遺言	作成できる	作成しても効力がない	効力が発生	ー
成年後見	不要	後見人が選任される	契約が終了	ー
民事信託	契約　信託開始 →			

◉信託は有効だが、費用がかかることに注意

また、認知症対策として**信託（民事信託）**を活用する例もあります。信託を活用すれば、たとえ認知症で自分の意思能力が乏しくなり、契約ができなくなったり、生活費の判断ができなくなったりしても、発症前の本人の意思を尊重した生前対策ができます。

たとえば、次のような利用例が考えられます。

①自分の意思能力が乏しくなったあとも贈与を継続したい

認知症によって意思能力が乏しくなると、通常は贈与をおこなうことができなくなります。ところが認知症になる前に信託契約を結んでいると、事前に決めた代理人が認知症になってからも贈与を続けることができます。

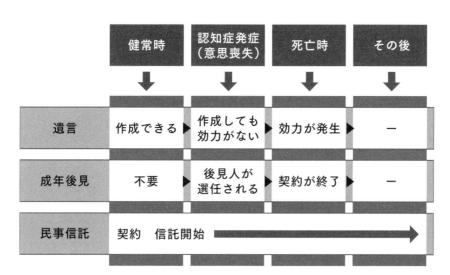

たとえば、祖父から孫への贈与を検討するにあたり、受託者を子ども、受益者を祖父とする信託契約において、祖父が認知症などで意思能力が乏しくなった場合に備え、**受益者指定権（受益者を指定・変更する権利）を行使する人を子どもに指定**しておけば、事実上、財産の贈与が可能になります。

②自分が認知症となったあとに後継者に事業を継がせたい

中小（同族）企業では認知症で社長本人の意思能力が乏しくなると、議決権が行使できなくなります。そのため、後継者に事業を承継させる場合は、認知症になる前に、**自社株を後継者に移しておく**などの対策が考えられます。

自分が認知症になったときを想定し、「意思能力が乏しくなった場合は後継者に事業をゆずる」といった信託契約を事前に結んでおけば、有効です。

なお、こうした民事信託は財産権にのみ適用されます。

また、実際には民事信託にも報酬などの費用がかかることも注意しておきましょう。その支出を〝生前対策〟の1つと考えることもできます。

解説
3-11

遺言よりも優先される「遺留分」とは？

◉内容の偏った遺言から相続人を守る

故人の意思を通すのが遺言ですが、相続を受ける人も、相続財産の一定割合まで受け取る権利を持っています。これを**遺留分**といい、遺言によっても侵害できません。たとえば、複数の法定相続人がいるのに「○○1人に全財産を相続させる」という遺言は、書くこと自体は自由ですが遺留分を侵害しているため、その**遺留分の限度で遺言の効力は制限されます**。

自分自身の遺留分を侵害された相続人は、遺留分を主張するため、遺留分を侵害している人に対して遺留分侵害額に相当するお金を支払ってもらうよう請求できます。

具体的には、自分の遺留分を侵害する相続・遺贈を受ける相手に対し、遺留分侵害額の請求を申し出ます。遺言の文言そのものは無効にできないので、「あなたへの相続・遺贈が自分の権利を侵しているので、遺留分にあたる侵害額を請求させてもらう」と、通告するかたちをとるわけです。書式は定まったものはありませんが、証拠能力の観点から、**配達証明付き内容証明郵便**で

＼ 遺留分侵害額請求　内容証明郵便の文面例 ／

①遺言が公正証書遺言の場合

〒113-○○××
東京都文京区 ×× 町
○○　○○様

2023年8月×日

〒385-○○××
長野県佐久市 ×× 町
△△　△△　印

遺留分侵害額請求書

被相続人○○○○の公正証書遺言（○○法務局所属 公証人 ○○○○作成 令和○○年第○○○号）の遺言内容は、私の遺留分を侵害しています。よって、私は貴殿に対して、遺留分侵害額の請求をします。

②遺言が自筆証書遺言の場合

通知書

被相続人○○○○の令和○年○月○日付自筆証書遺言の遺言内容は、私の遺留分を侵害しています。したがって、私は貴殿に対し、遺留分侵害額の請求をします。

通知するケースが多いでしょう。文面例を右ページに示します。

◉交渉次第では法律のバックアップもある

遺留分の侵害額請求は、通知などで意思を示せば権利としては成り立ちます。複数の人が自分の遺留分を侵害している場合は、その**全員に対して意思表示**をおこないます。

その後は相手との直接交渉になりますが、遺留分は法律で保障された権利なので、相手に強く要求できます。相手がその請求に応じず調停や裁判になっても、遺留分を侵害されている相続人に有利になっています。

なお、遺留分の権利者は、**配偶者と、第一順位と第二順位で法定相続人となった人まで**です。第三順位で法定相続人となった兄弟姉妹に、遺留分はありません。

また、故人の遺言で相続を廃除され、それが法的にも相応だとされた人（故人を虐待したり著しい非行があったりした人がこれにあたります）や、裁判で相続欠格となった人には遺留分はありません。この場合、その代襲相続人には遺留分があります。また、自主的に相続を放棄した人にも、遺留分はありません。

＼ あなたの遺留分はどれぐらい？ ／

①総体的遺留分を調べる

※総体的遺留分＝相続財産全体に対し遺留分として保留できる割合

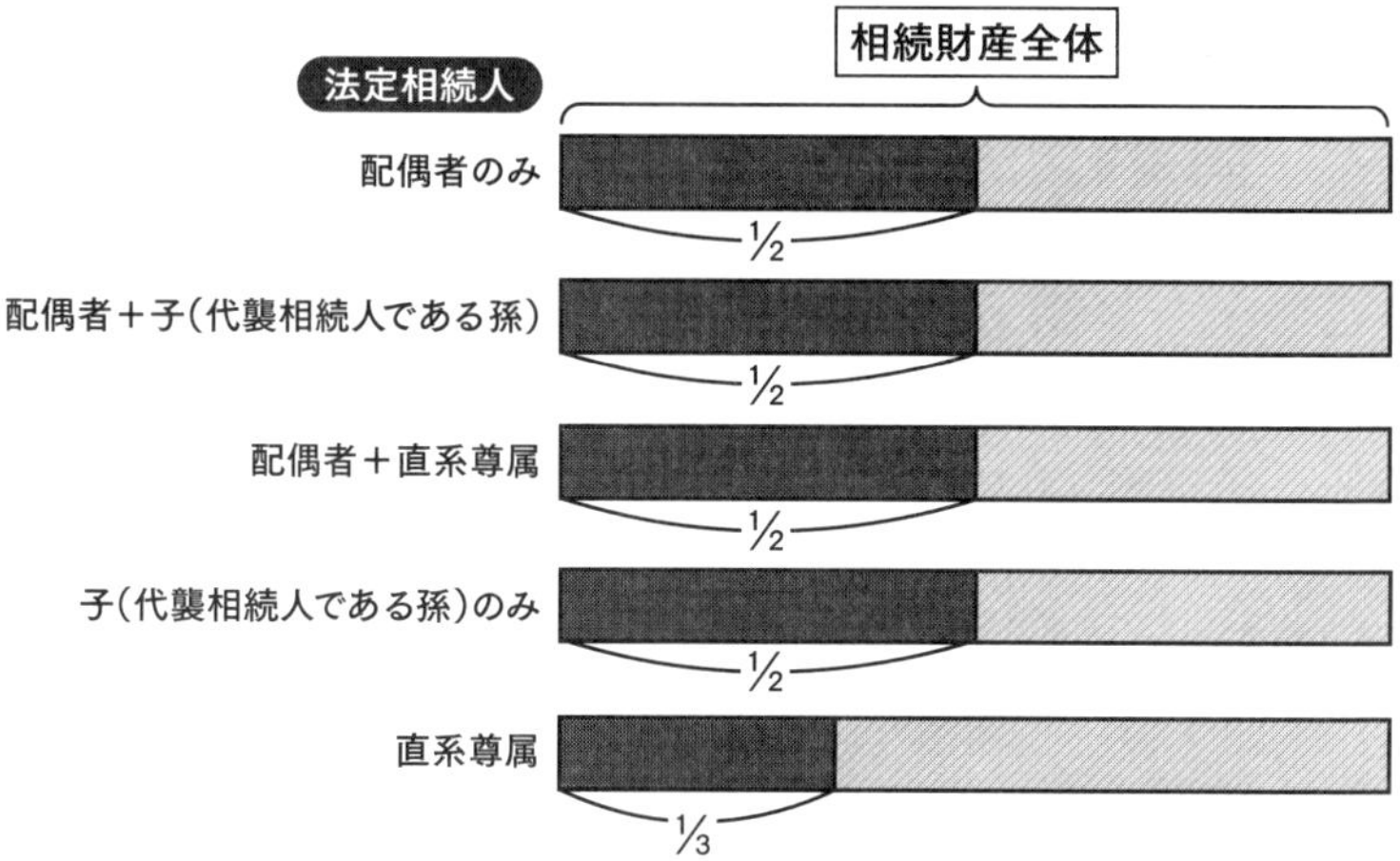

兄弟姉妹に遺留分はなし

②総体的遺留分を法定相続分で按分する

例：法定相続人が妻（配偶者）＋子ども3人の場合

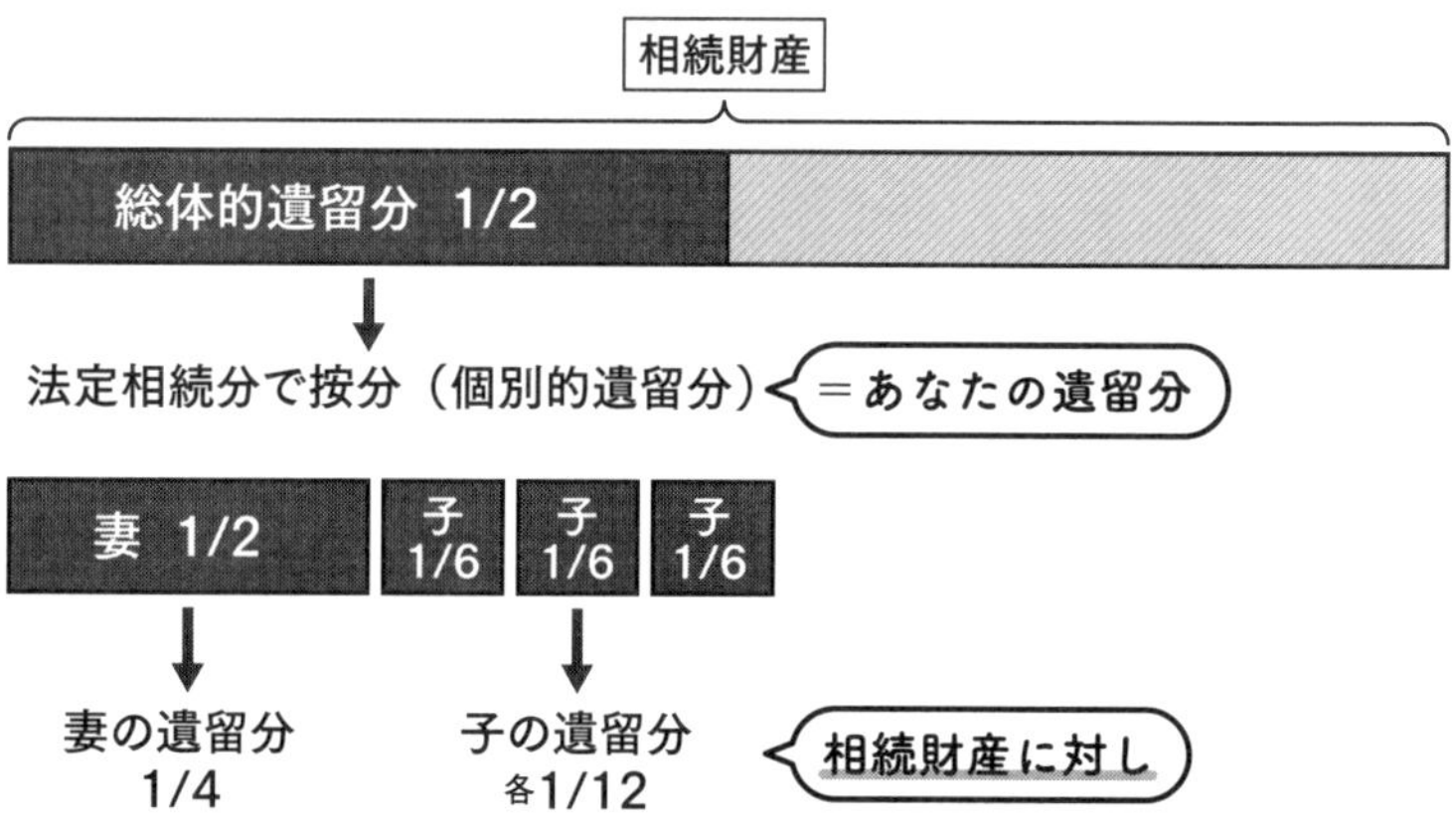

◉遺言と異なる内容で遺産分割をおこなう

遺言書がある場合、遺言書に記載されている内容が優先されます。しかし、遺言で指定された相続人と遺産を受ける人全員の同意があれば、**遺産分割協議をおこない、遺言と異なる内容で協議書を作成することもできます。**

ただし、相続人・受遺者全員が遺言の存在を知り、その内容を正確に理解していなければなりません。そのうえで全員の合意のもとに次ページのような**遺産分割協議書**を作成すれば、たとえ内容が遺言と異なっていても有効と認められます。

遺産分割協議は全員参加が原則ですが、電話参加でも問題なく、最終的に全員の同意が得られればいいので、参加できない人には協議内容をまとめた文書を送付し、承認の押印をしてもらうことでも差しつかえありません。

ただし、そこで承認が得られなければ、もう一度協議し直すことになります。なお、遺言で遺言執行者が指定されているケースでは、その人が相続財産の管理処分権限を持っています。遺産分割協議は、その遺言執行者を加えておこなわなければなりません。

＼ 遺産分割協議書の例 ／

遺産分割協議書

被相続人
相続 守（令和〇年〇月〇日 死亡）
最後の住所　東京都中央区３丁目４-７
最後の本籍　東京都中央区３丁目４-７
登記簿上の住所　東京都中央区３丁目４-７

右記被相続人の遺産について、次のとおり遺産分割協議をおこなった。

令和〇年〇月〇日、東京都中央区３丁目４-７ 相続 守の死亡により開始した相続の共同相続人である相続 太郎、 相続 花子の２名は、その相続財産について、次のとおり分割を協議し、決定した。

１．相続人 相続 太郎は、次の不動産を取得する

土地
所在　東京都中央区３丁目
地番　４番７号
地目　宅地
地積　１４０・２９㎡

建物
所在　東京都中央区３丁目４番７号
家屋番号　４番７号
種類　居宅
構造　鉄骨造スレート葺
床面積　１階５６・６７㎡　２階４２・２１㎡

2. 相続人　相続　花子は次の財産を取得する
　東京銀行東京支店の被相続人名義の預金
　普通預金　口座番号0－234567のすべて
3. 相続人　相続　花子は、被相続人の債務すべてを継承する
4. 相続人　相続　花子は被相続人名義の次の負債を継承する
　金銭消費貸借契約
　金　500000円
　債権者　○○ファイナンス株式会社

（後日判明した財産）
5. 本協議書に記載なき遺産及び後日判明した遺産は、相続人全員がその財産について再度協議をおこなうこととする

右記協議の成立を証するため、署名押印したこの協議書を2通作成し、各自1通保有する。

令和○年○月○日

住所　東京都中央区日本橋1丁目1番1号
相続人　相続　太郎（実印）

住所　東京都中央区日本橋5丁目5番2号
相続人　相続　花子（実印）

解説
3-12

家庭裁判所で決着点を探す「調停」と「審判」

◉申告期限までに遺産分割したほうがいい理由

ほかの家事事件と違い、遺産分割協議には、相続税の申告期限という「締め切り」があります。これを守るには、関係者だけの話し合いに、弁護士など第三者の視点を入れることも考えましょう。

期限までに分割協議が成立していないときは、法定相続分や遺贈の割合にしたがって財産を取得したものとして、申告・納税することになります。その際、小規模宅地等の特例や配偶者の税額軽減の特例などの適用を受けられない申告となります。ただし、相続税の申告書に「申告期限後3年以内の分割見込書」を添付して提出し、**相続税の申告期限から3年以内**に分割された場合は、特例の適用を受けることができます。

また、やむを得ない理由で遺産分割ができない場合も、**相続税の申告期限から3年と2か月が経過する日まで**に「遺産が未分割であることについてやむを得ない事由がある旨の承認申請書」

を提出し、税務署長の承認を得ることができれば特例の適用を受けることもできます。

これらの申請は税理士など専門家の意見を聞きつつおこなうとよいでしょう。

◉家裁での遺産分割調停と審判

遺産分割協議の決着がつかない場合は、家庭裁判所の**遺産分割の調停手続を利用する**ことも考えましょう。

遺産分割の調停手続は、裁判官1名と裁判所の調停委員2名が担当します。ただし、話し合いに出席するのは、通常は調停委員のみです。

話し合いでは、当事者が別々に調停室に呼ばれ、各自の事情を説明したり、必要に応じて資料を提出したりします。

事前に相続財産のリストを提出するので、その鑑定などもおこなわれます。全員の意向が聴取されたうえで、調停委員が解決案の提示や助言をするなどして、合意を目指します。

調停が成立すれば、内容が調停調書にまとめられます。**この調書は、法的効力を持っています。**

調停が不成立になった場合、審判の申立てがあったものとみなされ、**審判手続に移行**します。ですから、**いったん調停を選んだら、あと戻りはできない**と考えておいたほうがいいでしょう。

審判では、裁判官が遺産に属する物や権利の種類、性質、その他いっさいの事情を考慮して審判をおこないます。この審判に不服がある場合には、**2週間以内に**高等裁判所に対して不服申立（即時抗告）をおこなうことができます。

付　録

相続税額の早見表と
贈与税の速算表

相続税額の早見表

【法定相続人が配偶者と子の場合】

前提

- 法定相続分にしたがって財産を相続した場合
- 配偶者の税額軽減を適用→相続税の総額×２分の１

	相続人			
遺産総額	配偶者 子ども１人	配偶者 子ども２人	配偶者 子ども３人	配偶者 子ども４人
5000万円	40万円	10万円	0	0
6000万円	90万円	60万円	30万円	0
7000万円	160万円	113万円	80万円	50万円
8000万円	235万円	175万円	138万円	100万円
9000万円	310万円	240万円	200万円	163万円
1億円	385万円	315万円	262万円	225万円
1.5億円	920万円	747万円	665万円	587万円
2億円	1670万円	1350万円	1217万円	1125万円
2.5億円	2460万円	1985万円	1800万円	1687万円
3億円	3460万円	2860万円	2540万円	2350万円
5億円	7605万円	6555万円	5962万円	5500万円
10億円	1億9750万円	1億7810万円	1億6635万円	1億5650万円
20億円	4億6645万円	4億3440万円	4億1182万円	3億9500万円
30億円	7億4145万円	7億380万円	6億7432万円	6億5175万円

【法定相続人が子だけの場合】

前 提

●法定相続分にしたがって財産を相続した場合

	相 続 人			
遺産総額	子ども1人	子ども2人	子ども3人	子ども4人
5000万円	160万円	80万円	20万円	0
6000万円	310万円	180万円	120万円	60万円
7000万円	480万円	320万円	220万円	160万円
8000万円	680万円	470万円	330万円	260万円
9000万円	920万円	620万円	480万円	360万円
1億円	1220万円	770万円	630万円	490万円
1.5億円	2860万円	1840万円	1440万円	1240万円
2億円	4860万円	3340万円	2460万円	2120万円
2.5億円	6930万円	4920万円	3960万円	3120万円
3億円	9180万円	6920万円	5460万円	4580万円
5億円	1億9000万円	1億5210万円	1億2980万円	1億1040万円
10億円	4億5820万円	3億9500万円	3億5000万円	3億1770万円
20億円	10億820万円	9億3290万円	8億5760万円	8億500万円
30億円	15億5820万円	14億8290万円	14億760万円	13億3230万円

贈与税の速算表

贈与税の計算手順

前提

➡その年の1月1日から12月31日までの1年間に、贈与によって受け取った財産の価額を合計する

➡その合計額から基礎控除額110万円を差し引く

➡残りの金額に税率をかけて、税額を計算する

一般税率 右表以外の場合		
基礎控除後の課税価格（贈与額から110万円を差し引いた金額）	税率	控除額
200万円以下	10%	−
300万円以下	15%	10万円
400万円以下	20%	25万円
600万円以下	30%	65万円
1000万円以下	40%	125万円
1500万円以下	45%	175万円
3000万円以下	50%	250万円
3000万円超	55%	400万円

特例税率		
基礎控除後の課税価格（贈与額から110万円を差し引いた金額）	税率	控除額
200万円以下	10%	−
400万円以下	15%	10万円
600万円以下	20%	30万円
1000万円以下	30%	90万円
1500万円以下	40%	190万円
3000万円以下	45%	265万円
4500万円以下	50%	415万円
4500万円超	55%	640万円

※特例税率の速算表は、父母や祖父母など直系尊属から18歳以上の人が贈与を受けた場合に使用する。

編集協力者プロフィール

円満相続を応援する
士業の会

粟野《あわの》　淳一《じゅんいち》

税理士・行政書士

当事務所は、不動産と相続業務に特化した税理士・行政書士事務所です。相続に関する現状分析を行い、贈与を含めた総合的な相続対策をご提案することにより、円満に相続を終わらせるためのサポートに力を入れております。何か相続のお悩みごとはないですか？相談は初回無料で行っておりますので、お気軽にご相談下さい。

あわの税理士・行政書士事務所/相続財産相談室いばらき

〒302-0115　茨城県守谷市中央1-20-1　中田ビル4階
TEL：0297-38-7100　FAX：0297-38-7101
E-mail：info@awano-zeirishi.jp　URL：https://www.souzokuibaraki.jp

---

神山《かみやま》　直規《なおき》

税理士（日/米）・米国公認会計士・CFP®・行政書士・MBA・早稲田大学大学院商学研究科博士後期課程単位取得満期退学・早稲田大学 産業経営研究所 招聘研究員・関東経済産業局 経営革新等支援機関

平成元年税理士登録後、平成13年に父の事務所を承継し開業。当事務所は相続税のご相談に際し、単なる節税にとどまらず、遺産を形成された被相続人様の言葉にならない想いを数字の面から相続人様方へ継承させて頂くことを使命としております。相続人様方へ丁寧に遺産のご説明を行わせて頂いた上で、ご納得された形での申告・納税を行わせて頂くこととしております。長い業歴により各種の法律専門家とも連携しております。

神山税務会計事務所

〒301-0816　茨城県龍ケ崎市大徳町224
TEL：0297-64-1626　FAX：0297-62-7471　E-mail：kamiyama@tkcnf.or.jp　URL：https://www.kamiyama.jp

---

児玉《こだま》　博利《ひろとし》

代表社員　税理士

1971年創業の会計事務所です。開業以来52年にわたり、不動産オーナーをはじめとした多くのお客様の資産税案件や、会社の事業承継に関わってきました。相続に不安がある方、事業承継に悩みを抱えている方はお気軽にご相談ください。様々な視点からご支援させていただきます。

税理士法人　児玉税経

〒320-0851　栃木県宇都宮市鶴田町3086-2
TEL：028-633-8720　URL：https://k-zeikei.or.jp

【札幌支店】
〒060-0061　札幌市中央区南一条西10丁目4 南大通ビルアネックス2F
TEL：011-212-1626　URL：https://www.sapporokaikei.jp

野崎《のざき》　誠《まこと》

税理士・行政書士

当事務所は相続税申告はもちろん、相続税のかからない方への相続手続きの支援、これから相続のことを考えたい方には生前対策のご提案など、相続に関する多様な相談を税理士事務所と行政書士法人でお受けしています。不安なことや分からないことはぜひ専門家にご相談ください。

野崎誠税理士事務所／行政書士法人まこと相続

〒350-1249　埼玉県日高市高麗川3-10-7
TEL：042-989-4767　FAX：042-978-5544
E-mail：zei@nozakimakoto.net　URL：https://www.kaikei-home.com/makoto

中田《なかた》　義直《よしなお》

税理士・ファイナンシャルプランナー（CFP®）・一般社団法人民事信託活用支援機構会員

税務署退官後、16 年に税理士登録。「人生 100 年時代」を迎え、当事務所では、弁護士、司法書士、民事信託・任意後見コンサルタントなどのプロフェッショナルとネットワークを構築し、特に「認知症社会」における財産管理・事業承継・相続をワンストップで支援していきます。ホームページを是非ご覧ください。

中田義直税理士事務所
〒150-0002　東京都渋谷区渋谷2-3-8　倉島渋谷ビル502号
TEL：03-5778-3317　FAX：03-5778-3318
E-mail：y-nakata@nbcc.jp　URL：https://www.nbcc.jp

若佐谷《わかさや》　悟《さとる》

税理士・行政書士　　所長

平成 19 年税理士登録後、若佐谷悟税理士事務所を開業。
当事務所は地元密着の税理士として、法人税及び所得税の申告のほか、相続を専門に行う担当者を揃え、各士業と連携しながら、ワンストップで相続業務をサポートしております。まずは無料相談（予約制にて約２時間程度）にお越しください。

若佐谷悟税理士事務所
〒124-0006　東京都葛飾区堀切5丁目7番１-101
TEL：03-3603-3405　FAX：03-3603-3409
E-mail：wakasayasatoru@yahoo.co.jp　URL：https://www.kaikei-home.com/wakasaya

佐久間《さくま》　一《はじめ》

税理士

昭和 63 年税理士登録　平成元年事務所開業。法人個人の税務会計全般について業務を行っており、相続関係は、遺言書のセミナーを行い、個人の生活と法人の事業を考慮して生前贈与・信託などの相続対策に取り組んでおります。また、各士業・専門会社とも連携しており相続全般に対処しています。☆現在西洋占星術・タロットの占い師としても活躍中です。

さくま税務会計事務所
〒160-0004　東京都新宿区四谷4-30-23　ビルド吉田505
TEL：03-3356-5868　FAX：03-3356-5869
E-mail：sakumazei@ab.auone-net.jp　URL：http://www.kaikei-home.com/sakuma

若狭《わかさ》　茂雄《しげお》

税理士・東京富士大学監事・東京富士大学会計人会会長

昭和 47 年税理士登録後、昭和 55 年独立、東京税理士会日本橋支部開業。
当事務所は相続の専門部門があり、各士業とも連携しておりますのでワンストップで相続業務をサポートしております。又、中小企業の事業活動支援も積極的に行っております。初回相談は無料です。お気軽におこしください。

若狭茂雄税理士事務所
〒103-0007　東京都中央区日本橋浜町2丁目57番1号909
TEL：03-3664-2086　FAX：03-3664-2025
E-mail：s.wakasa@themis.ocn.ne.jp

松井《まつい》　達也《たつや》

代表税理士

地域の皆様に信頼されるかかりつけの税理士であることを理念に、多摩エリアを中心に親身かつ着実にご相続のサポートに取り組んでおります。経験豊富な税理士自らが一貫してお客様一人ひとりの想いを大切に対応いたします。

税理士事務所グレイス

〒185-0012　東京都国分寺市本町3-11-17　ビルドシティプラザ4F
TEL：042-316-8566　FAX：042-316-8587
E-mail：grace@mmmtax.com　URL：https://grace-souzoku.jp

増田《ますだ》　浩美《ひろみ》

税理士・行政書士

大学３年生で税理士を志し､約５年の試験勉強を経て､25歳で税理士試験合格。約３年間､地元中堅税理士法人に勤務し、28歳で独立開業。資産税業務（相続税申告・相続税対策）を中心業務とし､親しみやすい人柄とお客様の立場に立ったアドバイスに定評があります。各専門家と連携し、面倒な相続手続きもワンストップで行っています。

増田浩美税理士事務所

〒174-0041　東京都板橋区舟渡2-19-6
TEL：03-5914-3661　FAX：03-5914-3681
E-mail：masuda@zeimukaikei.jp　URL：https://www.zeimukaikei.jp

渡邊《わたなべ》　哲人《あきひと》

税理士・行政書士

どんなことでも最初に相談できる「頼れる」存在であり続けるために､日々多様化するニーズを的確かつ迅速に捉え、納得されるサービスを目指しております。多くの士業とも連携することで、究極のワンストップサービスを提供し、何でも相談できる環境を整えております。

税理士法人渡邊リーゼンバーグ

【本　　社】〒105-7317　東京都港区東新橋1-9-1東京汐留ビルディング17Ｆ
【麻布支社】〒106-0044　東京都港区東麻布2-17-2 Wビル2階
【大森支社】〒143-0023　東京都大田区山王2-20-3ピュア山王A
TEL:03-3569-3330　FAX:03-3569-3331　E-mail:info@watanabe-firm.or.jp　URL:https://www.watanabe-firm.com

---

川﨑《かわさき》　啓《ひろむ》

税理士・行政書士

相続に特化した事務所です。一般社団法人吉祥寺相続相談センターを併設し、ワンストップで専門家に相談できます。
相続税の対策だけでなく、遺言や家族信託のご相談も受け付けております。
お気軽にお問い合わせください。

川﨑啓税理士・行政書士事務所

〒180-0004　東京都武蔵野市吉祥寺本町1-23-1　KS23ビル901号室
TEL：0422-27-2058　FAX：0422-27-2068
E-mail：info@kichijoji-souzoku.com　URL：https://www.kichijoji-souzoku.com

編集協力者プロフィール

鈴木《すずき》　利光《としみつ》

税理士・宅建士

生前対策をするとしないでは何が変わるの？生前対策って何をやったらいいの？そもそも我が家は生前対策が必要なの？相続や生前対策のことで悩んでいる方、疑問に思われている方、不安な方、まずは相続専門税理士の弊所にご相談ください。一つ一つ丁寧にお話を伺って、お客様に合ったご提案を致します。遺されたご家族が困らないように、事前の準備を一緒に始めましょう。

鈴木利光税理士事務所

〒103-0027　東京都中央区日本橋一丁目2番10号　東洋ビル3階
TEL：03-6824-0800　E-mail：10432szk@tscpta.com　URL：https://www.kaikei-home.com/souzoku-tscpta

---

金子《かねこ》　吏己也《りきや》

税理士

相続は財産的な側面だけでなく様々な側面を併せ持つ基盤の承継です。私たちは経験豊富なプロの目線から、相続税軽減はもちろん、将来に向けての様々なご提案をさせていただきます。早めの対策が功を奏しますので、おひとりで悩まず、財産の多寡にかかわらずご相談ください。「初回相談・相続税概算」無料制度も是非ご活用ください。

金子税務会計事務所

〒143-0015　東京都大田区大森西3-14-16
TEL：03-5764-1120　FAX：03-5764-1130
E-mail：r.kaneko@rk-kaikei.com　URL：https://www.rk-kaikei.com

関口《せきぐち》　正二《まさじ》

税理士

平成４年税理士登録　資産税専門の税理士事務所で経験を重ねて令和３年税理士事務所開業。生前の相続対策、相続税申告業務を主な業務としています。相続税申告、相続対策、不動産の税務対策等は、数多くのスキルと経験があります。税金面も大事ですが、常にお客様に寄り添ったアドバイスを心がけています。

関口正二税理士事務所

〒105-0003　東京都港区西新橋1-6-12　アイオス虎ノ門404
TEL：03-6811-1295　FAX：03-6811-1296
E-mail：sekiguchi@misakitax.com　URL：https://www.misakitax.com

岡田《おかだ》　誠彦《まさひこ》

税理士・行政書士

当事務所は、あなたの身近な専門家として、相続に関する様々な不安を解消します。最新の知識、見やすい資料、分かりやすい説明を用いることで、それぞれの方にとって適切な生前対策（争族対策・相続税対策等）や信頼度の高い相続税申告業務を行います。他士業とも連携しワンストップでサポートいたします。まずはお気軽にご相談ください。

岡田誠彦税理士・行政書士事務所

〒160-0022　東京都新宿区新宿1-35-3　アクシア新宿御苑509
TEL：03-6273-1395
E-mail：okbusinedines@gmail.com　URL：https://www.tax-okada.com

佐々木《ささき》　秀一《しゅういち》／木下《きのした》　朋子《ともこ》／清水《しみず》　勧《すすむ》

1987 年開業以来、中小企業の事業承継や相続相談、経営相談、税務相談等のサービスを実施してまいりました。相続相談に関しては、依頼者の要望を丁寧に聞いて、現状を十分に調査して、ご遺族の円満な遺産分割と節税対策の提案を心がけております。中小企業庁認定経営革新等支援機関。

税理士法人東京総合会計

〒103-0027　東京都中央区日本橋3-8-2　新日本橋ビル8F
TEL：03-5299-6181　FAX：03-5299-6188
E-mail：sasaki@tokyosogo.jp　URL：http://www.tokyosogo.jp

鶴田《つるた》　幸久《ゆきひさ》

グロースリンク税理士法人代表・税理士・中小企業診断士・行政書士・医業経営コンサルタント

名古屋市立大学卒業後、名古屋市内の大手税理士事務所にて税理士としてだけではなく、役員として自社の経営企画、営業、決算、人事、採用、ISO 品質管理責任者などを経験。相続・事業承継に強い税理士として独立後は年間 50 社以上の顧問契約、コンサル契約を継続し、自社を 120 名超える規模の税理士事務所に成長させる。「幸せと利益の両立を実現させる“いい会社”」創りを支援すべく、財務面と経営面の両方から多くの企業をサポートしている。

グロースリンクグループ／グロースリンク税理士法人　E-mail：info@tsurutax.com　URL：https://www.tsurutax.com

【名古屋本社】〒453-6119　名古屋市中村区平池町四丁目60番地の12 グローバルゲート19階　TEL：052-587-3036　FAX：052-587-3037
【岡崎事務所】〒444-0842　岡崎市戸崎元町2-5LaLaB棟2F　TEL：0564-73-0101　FAX：0564-73-0100
【大阪事務所】〒530-0001　大阪市北区梅田1丁目8-17 大阪第一生命ビルディング15階　TEL：06-6442-7187　FAX：06-6442-7186

髙村《たかむら》　宗司《もとし》

所長

会社を経営なさっている方、マンションやアパートを経営なさっている方の相続対策に力を入れております。
対応地域は東海三県で、初回の相談は無料です。

髙村税理士事務所

〒510-0235　三重県鈴鹿市南江島町23-10
TEL：059-387-5150　FAX：059-387-5450
E-mail：info@tkm-tax.com　URL：https://tkm-tax.com

美藤《びとう》　直人《なおひと》

公認会計士・税理士・認定経営革新等支援機関・ＣＦＰ®

1995 年　公認会計士登録　2011年　税理士登録　美藤公認会計士・税理士事務所開業
亡くなられたご家族からの財産を安心して相続されるためのお手伝いをしています。相続税の申告では、お客様のご負担を軽減するため、税理士法第 33 条の 2 第 1 項に規定する添付書面（2024 年 4 月 1 日以降は、申告書の作成に関する計算事項等記載書面）も対応可能です。また、相続した不動産の売却等についてもお気軽にお問い合わせください。

美藤公認会計士・税理士事務所

〒530-0041　大阪府大阪市北区天神橋２丁目北１番21号　八千代ビル東館3階B号室
TEL：06-4800-8410　FAX：06-4800-8420
E-mail：office@bito-cpatax.com　URL：https://bito-cpatax.com

辰野《たつの》　元祥《もとよし》

税理士・行政書士　代表

平成 25 年税理士・行政書士登録後、辰野元祥税理士・行政書士事務所を開業。
当事務所は相続を専門におこなっており、各士業とも連携しておりますのでワンストップで相続業務をサポートしております。また、生前対策もご提案できますので、まずは無料相談におこしください。

辰野元祥税理士・行政書士事務所
〒546-0012　大阪府大阪市東住吉区中野4丁目3番27号　ユニハイム東住吉104号室
TEL：06-6777-6145　FAX：06-6777-6154
E-mail：support@tatsunozeirisi.jp　URL：http://www.tatsunozeirisi.jp

---

末吉《すえよし》　英明《ひであき》

代表社員・1 級 FP 技能士検定審査面接官

信託銀行との提携による遺産整理業務支援、地方銀行、信用金庫との提携による相談業務支援、年間 200 回以上の銀行主催による講演を行うなど銀行系税理士の本格派として多くの金融機関から支持されています。京都四条烏丸、阪急梅田、東京品川に拠点を配置し、機動的にお客様の問題解決に努めています。

【末吉税理士法人】　URL　http://www.sueyoshi.or.jp
<梅田>大阪駅前第2ビル10階　<東大阪>東大阪市役所西隣クリエイション・コア北館308号
【末吉FP支援法人】　<京都>四条室町オフィスワン四条烏丸9階　<東京>品川駅高輪口さくら坂ジョイシティ品川10階
<阪急梅田>阪急グランドビル23階

沖《おき》　聰《さとし》

税理士

神戸大学経営学部卒業、一部上場企業勤務。家業の美術商に従事。その後、税理士になり大手事務所勤務後、平成 6 年独立。専門学校で相続税法講師も務め、現在は税理士業務全般、特に経営者の種々の相談や相続対策を、各種の専門家や金融機関と連携して業務を遂行している。

沖　聰　税理士事務所
〒631-0076　奈良県奈良市富雄北1丁目12-2
TEL：0742-51-0460　FAX：0742-51-0369

光廣《みつひろ》　昌史《まさふみ》

税理士・代表取締役

創業 60 年。税理士 5 名のほか、スタッフ 25 名在籍。「お客様の夢の実現」に向け、高い専門性を生かし税務・経営などあらゆる局面をサポートしている。また、経験豊富な相続専門チームが軽減対策の提案や相続手続き支援を行うほか、円満な相続を実現するためにセミナーを開催するなど啓発活動にも力を注いでいる。

光廣税務会計事務所／株式会社　オフィスミツヒロ
〒730-0801　広島県広島市中区寺町5番20号
TEL：082-294-5000　FAX：082-294-5007
E-mail：info@office-m.co.jp　URL：https://www.office-m.co.jp

茨城県

あわの税理士・行政書士事務所/相続財産相談室いばらき　粟野淳一 ……… 228
神山税務会計事務所　神山直規 …… 228

栃木県

税理士法人　児玉税経　児玉博利 …… 228

埼玉県

野崎誠税理士事務所／行政書士法人まこと相続　野崎誠 …… 228

東京都

中田義直税理士事務所　中田義直 …… 229
若佐谷悟税理士事務所　若佐谷悟 …… 229
さくま税務会計事務所　佐久間一 …… 229
若狭茂雄税理士事務所　若狭茂雄 …… 229
税理士事務所グレイス　松井達也 …… 230
増田浩美税理士事務所　増田浩美 …… 230
税理士法人渡邊リーゼンバーグ　渡邊哲人 …… 230
川﨑啓税理士・行政書士事務所　川﨑啓 …… 230
鈴木利光税理士事務所　鈴木利光 …… 231
金子税務会計事務所　金子吏己也 …… 231
関口正二税理士事務所　関口正二 …… 231
岡田誠彦税理士・行政書士事務所　岡田誠彦 …… 231
税理士法人東京総合会計　佐々木秀一／木下朋子／清水勧 …… 232

愛知県

グロースリンクグループ／グロースリンク税理士法人　鶴田幸久 …… 232

三重県

髙村税理士事務所　髙村宗司 …… 232

大阪府

美藤公認会計士・税理士事務所　美藤直人 …… 232
辰野元祥税理士・行政書士事務所　辰野元祥 …… 233
末吉税理士法人　末吉英明 …… 233

奈良県

沖　聰　税理士事務所　沖聰 …… 233

広島県

光廣税務会計事務所／株式会社 オフィスミツヒロ　光廣昌史 …… 233

【監　修】

税理士法人チェスター

2008 年に相続税専門の税理士法人として設立。現在は職員総数 326 名、全国に 12 拠点展開（東京、新宿、池袋、千葉、大宮、横浜、湘南藤沢、名古屋、京都、大阪、神戸、福岡）。年間 2,200 件を超える相続税申告実績は税理士業界でもトップクラス。中小企業オーナー、医師、地主、会社役員、資産家の顧客層を中心に、専門性の高い相続税申告サービスやオーダーメイドの生前対策提案、国際相続、事業承継コンサルティング等を行っている。

【編集協力】

円満相続を応援する士業の会

遺産相続は、場合によっては親族間での遺産争いになることがあり、「争続（争族）」などと揶揄されることがあるほどトラブルの生じやすい問題でもあります。そのような問題をはじめ、色々な悩み事の解決を総合的に行っている事務所です。遺言や贈与、信託はもちろんのこと、円満な相続を行っていただく為のお手伝いをします。

【著】

エッサム

昭和 38 年（1963 年）の創業以来、一貫して会計事務所及び企業の合理化の手段を提供する事業展開を続けております。社是である「信頼」を目に見える形の商品・サービスにし、お客様の業務向上に役立てていくことで、社会の繁栄に貢献します。

【構成・編集協力・本文DTP】菱田編集企画事務所

【最新版《さいしんばん》】事例《じれい》でわかる相続税《そうぞくぜい》の生前対策《せいぜんたいさく》
突然《とつぜん》やってくる相続《そうぞく》のための万全準備《ばんぜんじゅんび》

〈検印省略〉

2023年　9　月　24　日　第　1　刷発行

監 修 者——税理士法人チェスター
編集協力者——円満相続を応援する士業の会
著　　者——エッサム
発 行 者——田賀井 弘毅

発行所——株式会社あさ出版
〒171-0022 東京都豊島区南池袋 2-9-9 第一池袋ホワイトビル 6F
電　話　03 (3983) 3225 (販売)
　　　　03 (3983) 3227 (編集)
F A X　03 (3983) 3226
U R L　http://www.asa21.com/
E-mail　info@asa21.com
印刷・製本 (株) シナノ

note　http://note.com/asapublishing/
facebook　http://www.facebook.com/asapublishing
twitter　http://twitter.com/asapublishing

ISBN978-4-86667-640-1 C2034

あさ出版好評既刊

改訂新版

身近な人が亡くなった時の相続手続きと届出のすべて

税理士法人チェスター 監修者

円満相続を応援する士業の会 編集協力者

エッサム 著者

A5判　定価1,760円　⑩